Io, la danza, le amiche e papà
di Paola Zannoner

viale Abruzzi 72, 20131 Milano
www.castoro-on-line.it
info@castoro-on-line.it

Illustrazione di copertina: Giovanni Manna

ISBN 978-88-8033-733-1

PAOLA ZANNONER

Io, la danza, le amiche e papà

il castoro

PARTE I

La metropoli

1.
In gita con papà

Il ruggito che la città le rivolge, appena emerge dalla metropolitana, le blocca il passo. Come un coniglietto che spunta dalla tana e si trova inaspettatamente davanti un'enorme bestia ringhiante, pronta a inghiottirlo, Bianca si arresta, sorpresa, e solleva il naso, fiutando l'aria, la testa un po' incassata nelle spalle.

«Che c'è, Bianca?», chiede suo padre, tornando indietro.

«Niente, niente», risponde confusa. «Pensavo...», si infila una mano in tasca.

«Hai perso qualcosa?» Fermi lì all'imboccatura della metro ostacolano la gente frettolosa che si tuffa nel tunnel o salta fuori, come pesci volanti che balzano su e giù dalla superficie del mare. Qualcuno urta la spalla di papà senza neppure scusarsi. È papà invece che si scusa, e si sposta da lì, prendendo Bianca per mano.

«Niente, è solo che è un bel...», dice lei, a bassa voce, allargando il sorriso e le spalle, la mano sinistra stretta in quella di papà, la destra che spunta dalla tasca della giacca impugnando il cellulare.

Lui la scruta, interrogativo, sorridendole di riflesso. Lo

preoccupa l'aria imbambolata, in più è pallida. Non si sentirà male, per caso? Le poserebbe volentieri una mano sulla fronte per provarle la febbre, ma esita. Davanti a tutti, Bianca si secca delle premure dei genitori, lo sa. Si limita a chiederle: «Cosa, che succede?».

«Qui c'è un bel frastuono, non ti sembra?» Gli occhi le scintillano. Papà avverte un leggero senso di sollievo. A dire la verità, al rumore assordante non aveva dato peso. Che la città rombi come un aereo in pieno decollo lo sa, e si aspetta, perché lo sa, che la metropolitana fischi ed esploda fuori dai tunnel come un enorme proiettile. Ma Bianca no. Anche se ha dodici anni, sembra una bambina al luna park, frastornata e affascinata. Eppure non è la prima volta che si trovano in una metropoli, ma forse è la prima volta dopo due o tre anni, e la percezione di Bianca è cambiata da quando era più piccola. Ora sembra più sensibile alla differenza. E tra qui e casa, c'è una gran differenza.

La cittadina in cui vivono è quieta, una Bella Addormentata che tutti rispettano nel suo sopore, muovendosi quatti nelle vie, in bici o a piedi. Disturba a volte il rumore di tacchi sul selciato, e qualcuno scocca un'occhiata obliqua alla maleducata che picchia impunemente il marciapiede. Spesso, un velo di nebbia cala su edifici e strade, cancella le insegne, i cartelli stradali, gli alberi e le persone, e ogni residuo rumore. La cittadina sembra quasi sognare i suoi abitanti, che escono da spirali di fumo, coperti da capo a piedi senza mostrare facce quasi fossero figure magiche o diaboliche, gnomi o cavalieri incappucciati, che appaiono e scompaiono sotto le macchie gialle dei lampioni.

Qui invece, la gente si vede, cammina ticchettando eccome, le donne mostrano persino le gambe nude, sventolano i capelli, scollate, con il cappottino leggero aperto, le mani che stringono borsette e cellulari, come nelle foto delle riviste. I corpi sono nitidi, definiti, ciascuno con una sua potenza, un'energia che delimita il proprio spazio, un raggio d'azione, conquista una direzione. Sono decine che s'incrociano senza neppure sfiorarsi, questi corpi determinati e veloci, che seguono linee personali e segrete. Sembra che qualche coreografo abbia ordinato a tutti come e dove muoversi, come e quanto fermarsi, al semaforo, in fila alla fermata del bus, dentro e fuori dal bar, con l'accompagnamento sonoro del traffico delle auto e il magma di voci, musica ritmata, il fischio della rotaia del tram, una sirena lontana…

Bianca si riscuote, avvertendo la stretta di papà che insiste: «Tutto bene?».

Annuisce. Si rende conto che in questo enorme palcoscenico dove tutto vibra e scatta, solo lei è ferma. Insomma, ora tocca a lei unirsi al flusso, così si slancia.

«Andiamo!», intima, e parte strattonando la mano di suo padre che protesta:

«Aspetta. Da quest'altra parte, Bianca».

Per ora, è lui che conosce il percorso, e procede sicuro per il marciapiede, senza neppure consultare la cartina che si è premurato di scaricare da internet prima di partire. Guarda avanti, concentrato, e Bianca può permettersi di digitare, con la mano libera, un messaggio a Iris, la sua amica che da lontano la segue con apprensione nel suo viaggio. Non hanno quasi mai smesso di chattare se non nei tratti dove non c'era connessione. Ora scrive in fretta e un po' di nascosto, perché papà, di quel canale costantemente aperto con Iris, è piuttosto stufo. Anche oggi, una giornata così speciale, un pezzetto di Bianca resta spostato altrove, in uno spazio virtuale tra cuoricini e faccette buffe, punti interrogativi ed esclamativi, animaletti con espressioni allegre o terrorizzate. Per esempio, ora Bianca digita: "Sono arrivata in centro, mi sa che è qua vicino".

La risposta arriva in pochi secondi. "L'hai visto l'Hard Rock Café?"

2.
La scuola

Non l'ha visto, il caffè metropolitano, né la famosa piazza con la Cattedrale e l'orologio dove tutti si fanno fotografare, eppure sono molto vicini, papà ha già promesso che andranno a prendersi un bel gelato lì. Dopo la visita, certo. Per lui non è altro che un simpatico viaggio insieme a sua figlia, un giovedì che hanno preso entrambi libero, lei dalla scuola e lui dall'ufficio, appositamente per vedere "il posto": questo edificio che si affaccia sulla strada e si allunga per arrivare spalla a spalla con il Teatro chiuso e spento. Anche questo palazzo sembra vuoto, il portone massiccio e altissimo è serrato e, quando papà suona il campanello, si apre una porticina ritagliata nel legno, come un passaggio segreto. Dall'altra parte, un uomo stringe la mano a papà:

«Il signor Art?».

«Buongiorno. Lei è Giorgio? Grazie per averci ricevuto.»

«E questa è la nostra aspirante candidata?» L'uomo si rivolge a Bianca, che gli indirizza il suo mezzo sorriso, e annuisce. Poi tira fuori la mano dal giaccone, la allunga verso l'uomo:

«Piacere, Bianca».

«Piacere mio. Venite, su venite. Piano, mi raccomando, sono tutti al lavoro.»

Giorgio è il custode della scuola. Papà, che cercava informazioni e ha telefonato chiedendo inutilmente del direttore o di qualche insegnante, alla fine è riuscito a parlare con quest'uomo comprensivo e anche un po' sorpreso che un genitore cerchi di capire meglio, voglia addirittura venire a visitare un luogo che tutti considerano prestigioso, dove è indiscutibilmente un onore essere accolti: perché andare a vedere com'è, allora? Nessuno si prende questo disturbo. Quanto alla scuola, non è prevista alcuna visita, né ricevimenti con il direttore o il corpo insegnanti. Non è mica una scuola pubblica e non ha neppure bisogno di promuoversi.

Sarà che Art è un architetto e sa benissimo che tra un progetto e la sua realizzazione ci sono differenze, scarti, mediazioni e anche delusioni, e che l'idea resta sempre un'idea, chiusa e afflitta nella sua perfezione di idea. Quello che si riesce a fare, alla fine, ne rappresenta un barlume naturalmente imperfetto. Così, ha creduto meglio che Bianca confrontasse il suo sogno, l'ideale di un'accademia famosa, con la realtà di un edificio dove si va a studiare, anzi a sgobbare, in mezzo a perfetti sconosciuti, in una città lontana, senza la propria famiglia e gli amici attorno. Tanto per essere preparati, ha detto chiaramente Art a Bianca.

Se papà voleva spaventarla o farla desistere dal suo disegno, però, non ci è riuscito. Perché Bianca entra nell'enorme atrio, illuminato dalla copertura a vetri del soffitto, con un'emozione che le trabocca fin sulle labbra facendole tremare. Le sembra di essere in un luogo sacro e lo è. È l'Accademia di Danza.

Bianca muove qualche passo reverenziale sul pavimento tirato a lucido che ha visto nelle foto sul sito internet, e si guarda attorno, commossa. È proprio l'Accademia che ha guardato e riguardato decine di volte, in foto e filmati, ma ora è dentro, avvolta dal manto delle pareti bianche e stupita dal silenzio appena interrotto dal suono soffocato di un pianoforte, simile a un carillon nascosto. Ma dentro l'edificio brulica una vita inavvertibile che di certo spumeggia per lo scalone e per i corridoi, si affaccia dalla balconata e sciama proprio qui nell'atrio quando le lezioni finiscono, le porte si spalancano come tante bocche che finalmente strillano e riversano fuori il fiume degli studenti accaldati. Bianca si riscuote dall'immagine di quella sala piena di voci e figure: papà le ha posato una mano sulla spalla e Giorgio sta facendo segno di seguirlo nel corridoio sulla destra. Poi, apre la prima porta a sinistra, e qui riprende a parlare, con le solite formule di cortesia.

«Tutto bene il viaggio?»

«Grazie, tutto bene.»

«Sei contenta di essere venuta qui?» Di nuovo l'uomo si rivolge a Bianca.

Lei annuisce con educazione, ma non sa cosa dire. Che domanda è quella? Per fortuna, Giorgio prosegue: «Mi ha detto tuo papà che ti piacerebbe molto entrare all'Accademia, ma che non hai mai visto una scuola del genere».

Le parla come se fosse molto più piccola della sua età, con una leggera cantilena nella voce. Non è la prima persona che si comporta in questo modo. Bianca suscita sempre tenerezza negli adulti, per la sua statura e la sua fragilità. Se poi rivela che ha dodici anni, qualcuno si stupisce anche con una certa esagerazione. È una faccenda odiosa, ma a volte ha i suoi lati positivi. Con i professori, per esempio: lei è così piccina rispetto alle sue compagne, così esile che sembra ancora una bambina, e molte insegnanti si commuovono, le perdonano errori o distrazioni e persino impreparazioni. Lo studio non è proprio il suo forte, e il fisico da scricciolo la aiuta.

«Se non altro, ha visto che il viaggio è lungo, e che qui bisogna sapersi muovere con disinvoltura», è intervenuto papà. «La metropolitana, le fermate, la stazione... Non è come andare a scuola in bici, vero Bianca?» Le indirizza un sorriso ironico, e di rimando lei si stampa in faccia un mezzo sorriso. Quello che suo papà definisce "da Gioconda", ovverosia difficile da decifrare. Che non è come a casa, Bianca lo sa: imparerà, come tutti, no? Come il resto degli allievi, che non sono tutti di qui, anzi: la gran parte arriva da fuori, anche da posti più lontani del suo. È strano che papà ribatta su questo tasto che hanno già discusso in casa e che le pareva fosse ormai superato.

La predica, però, non è finita. Anzi, ci pensa il custode a rinforzare il concetto, scuotendo la testa.

«Sapesse quanti ragazzi si fanno un'idea sbagliata. Pensano alla televisione, a quelle scuole finte dove è tutto spettacolo e niente fatica. Poi arrivano e restano scioccati.»

«Io non penso alla televisione», lo interrompe Bianca, con un fil di voce. Bisogna che questi due si mettano bene in testa che lei non è una stupida.

«Ne sono sicuro, tuo papà mi ha accennato al telefono che studi da due anni e mezzo.» Ribatte Giorgio, con il solito tono bamboleggiante. Quei due si sono parlati chissà quanto, e si sono messi d'accordo per farle cambiare idea. «Come mai vuoi entrare all'Accademia?»

«È il posto giusto, lo dice anche la mia maestra», replica asciutta, niente più sorrisetto enigmatico sulla faccia, ora irritata. Non pensava di doversi sottoporre a un'intervista da parte del custode della scuola. Il quale volta lo sguardo a incontrare quello di Art. Pochi istanti, un lieve sollevare di sopracciglia da parte di papà e i due uomini sembrano intendersi. Giorgio si dirige verso la porta opposta a quella da cui sono entrati.

«Ti farò dare un'occhiata là dentro. Mi raccomando, non devi farti vedere o sono guai», le borbotta.

«Lo so, me lo ha già detto papà che non si può visitare la scuola.»

«Benissimo, allora devi fare un po' come una spia», insiste con il tono scherzoso, chinandosi verso di lei per strizzarle l'occhio. Finalmente apre la porta che dà su un cortile e le fa strada fino a una grande finestra. Le bisbiglia: «Ecco, puoi dare un'occhiata da qui».

Papà e Giorgio si allontanano di qualche passo, osservandola mentre si avvicina alla vetrata e allunga lo sguardo oltre il davanzale, fin dentro la stanza. È una lunga sala luminosa, con gli specchi a parete e la sbarra che vi corre sopra, il pavimento di legno chiaro: non è molto diversa dalla sala della sua scuola di danza. Quel che è differente è il pianoforte vero, con un pianista che suona, al posto del lettore Cd che la sua maestra aziona con il telecomando. È diversa l'insegnante drittissima in piedi, con il profilo da rapace esaltato dallo chignon stretto sulla nuca, che osserva le ragazze con occhio feroce, avvolta in un lungo scialle morbido. Sembra che abbia intorno al corpo ali ripiegate, quasi potesse spiccare il volo da un momento all'altro. È diverso che accanto a lei ci sia un'assistente in divisa da ballerina, che richiama le ragazze. Ma soprattutto sono diverse le ragazze. Alte, sottili, tutte indossano le stesse calzamaglie bianche e un body nero, le braccia sono tese come fili d'erba al vento, i lunghi colli reggono piccole teste perfette, rotonde, che si inchinano di lato con eleganza e leggerezza, all'unisono, le gambe sembrano sospese sopra il pavimento e il corpo pare sostenuto da un soffio invisibile che si sprigiona da sotto, e fa librare tutte loro in aria.

Non c'è nulla di uguale a questa visione. Niente che Bianca abbia visto in Tv, come pensa Giorgio, o su YouTube, come in effetti è capitato. Non sono simili a uccelli in volo, cigni o aironi, come ha letto da qualche parte, e non sembrano fate o creature magiche, eteree, svolazzanti, alate. Sono ragazze come lei, di carne e ossa come lei, con un corpo che suda, si piega, si arcua, si tende e si solleva, un corpo che è corda e freccia insieme, ma è soprattutto un corpo umano, capace di sprigionare energia quanto più muscoli e ossa sono preparati, tesi, flessi, scaldati. Bianca la sente arrivare anche oltre il vetro, quella forza prorompente che dilaga dal gruppo di ballerine che si sollevano, saltano all'unisono in quelli che le sembrano perfetti *sissonnes*. Ecco, lei è già lì dentro con il pensiero, fa parte di quel flusso di potenza, è quella ragazza là, bruna come lei, e come lei esile, ma fortissima.

Ma poi, il flusso si interrompe bruscamente. L'occhio rapace della maestra ha incrociato il suo sguardo estasiato. Bianca si ritira, spaventata, temendo che succeda il finimondo. Sente il cuore battere in allarme, e scappa verso papà e Giorgio, con gli occhi sbarrati e una mano sulla bocca, per impedirsi di urlare.

«Non può averti visto», la rassicura Giorgio, al riparo, nella sua stanza di custode. «I vetri sono molto spessi, dentro è illuminato, e le facce si autoriflettono.»

Ma Bianca sente ancora l'occhio dell'insegnante bruciare su di sé come una folgore. «Come si chiama l'insegnante?»

Giorgio scoppia a ridere: «Per evitarla? Forse farai meglio a pensarci bene, all'audizione. Quella è una delle esaminatrici, è russa». Ma come si chiama, non lo dice.

3.
Troppo vecchia per cominciare

La campanella squilla e succede proprio come immaginava. L'Accademia sembra risvegliarsi con un sonoro sbadiglio e subito dopo scuote l'enorme corpo che trema sotto i passi, la corsa degli allievi che si riversano fuori dalle aule, con un rombo di voci indistinte e risate, strilla, richiami. Bianca vorrebbe tuffarsi nella corrente, ma papà l'afferra per una mano e la trascina via, senza tanti complimenti, per uscire svelto da una porta laterale indicata da Giorgio. Una stretta frettolosa di mano tra i due uomini e gli intrusi sono già fuori, nel rumore indistinto e meccanico del traffico, nel grigiore metallico della strada, con la sensazione che l'atmosfera sia più cupa, quasi qualcuno avesse abbassato le luci, là fuori.

Il cellulare di Bianca vibra. Iris è preoccupata: da un'ora non ha più notizie, dunque cos'è successo? Mentre cammina al seguito di papà, Bianca digita in fretta punti esclamativi e cuori, sprizzando gioia telematica. Art si limita a sbottare:

«Bianca, ti prego!».

Lei si sente così allegra che accetta il rimprovero senza protestare e tuffa il cellulare in tasca, dopo aver digitato le quattro lettere "sdaad", che formano in automatico la frase "scusa devo andare a dopo" segue cuoricino.

«Allora, che te ne pare?», chiede papà. Si è fermato, e le lancia un'occhiata.

«È bellissimo, ancora meglio di quello che immaginavo!», esulta lei e gli rivolge uno sguardo acceso, gli occhi che brillano di eccitazione. Si aggrappa al suo braccio, mentre esclama: «Papà, non vedo l'ora di entrarci!».

Art è sorpreso. «Volevo dire: che te ne pare della piazza?...»

Quale piazza?, sta per domandare lei e soltanto ora realizza che papà si è fermato perché sono arrivati di fronte alla Cattedrale, e vicino al celebre orologio. «Bellissima», commenta, allora, per farlo contento e lascia vagare lo sguardo intorno. Una piazza enorme, con pochi alberi ancora spogli, e la chiesa che si innalza in fondo, come un enorme ventaglio bianco tutto di pizzo.

Papà sta partendo con le sue spiegazioni architettoniche: «È stata costruita da un imperatore, proprio per un effetto scenografico...».

Bianca sembra ascoltare interessata, ma il cellulare vibra con ostinazione nella tasca e, se non risponde, Iris potrebbe offendersi a morte. Così, aspetta qualche minuto, poi con discrezione porta la mano in tasca, e legge il messaggio. "Ma dove sei? Friggo di curiosità. Non puoi accennarmi?"

«Ancora!», commenta papà, esasperato.

«Scusa solo un attimo, poi lo spengo, promesso.» Il tempo di scrivere che papà è furioso, deve andare a pranzo e poi "ci sentiamo dopo, in treno ti racconto tutto", e Bianca torna insieme a suo padre, che ormai ha rinunciato alla lezione di storia dell'arte e, vagamente corrucciato, propone:

«Mangiamo qualcosa là, che dici?».

Per Bianca va bene qualsiasi posto: che ne sa dove si mangia qui e cosa? Ma l'anno prossimo... Ecco, sarà lei a invitare papà, a dirgli dove andare e cosa prendere, e magari di stare attento al tram, come ora sta facendo lui:

«Attenta, guarda in tutte e due le direzioni».

L'anno prossimo sarà una ballerina, ne è convinta: non era questa la famosa prova per capire se il posto era adatto a lei? Sono mesi che Bianca insiste per provare l'audizione di giugno all'Accademia, sostenuta dall'opinione della sua maestra di danza. Ma papà e mamma, invece di essere felicissimi, si sono mostrati perplessi. Come mai non sono quei genitori orgogliosi che si vedono in tivù, che piangono e applaudono i loro figli sul palcoscenico? Soprattutto mamma: perché non è come le mamme di alcune sue amiche, che parlano delle figlie come fossero piccoli geni? Invece, proprio lei è stata l'osso più duro. Non voleva neanche sentir parlare di un'audizione, dell'Accademia, di un'idea che «chissà chi ti ha messo in testa». La variante era anche «montato la testa», e si riferiva alla signora Laura, la maestra di danza: chi altri poteva averle instillato un'aspirazione del genere? Invece non è andata così. L'idea non è piovuta dalla maestra, ma è venuta proprio a lei, Bianca, che l'ha proposta alla signora Laura prima ancora che ai suoi. E la maestra le ha dato ragione, l'ha incoraggiata.

«La bambina è molto portata», aveva già dichiarato dopo il primo anno di lezioni. Mamma allora era contenta del giudizio, ed era in prima fila, a girare un video, al saggio di fine anno. Era la prima a essere fiera di Bianca, «la più brava di tutte», ripeteva. Aveva dieci anni, era il primo corso di danza che frequentava eppure sembrava avesse studiato quanto altre ragazzine che avevano iniziato molto prima di lei. Così, Bianca aveva frequentato per due anni la scuola, sempre con l'approvazione entusiasta di mamma e papà.

Ma poi, lo scorso Natale, si era aperto lo squarcio. Bianca aveva dichiarato che voleva fare la ballerina, che intendeva entrare in Accademia. Aveva immaginato quel momento come glorioso: mamma l'avrebbe abbracciata piangendo di gioia, papà l'avrebbe stretta a sé, baciandola sulla testa... Insomma una bella scena commovente, come nelle trasmissioni tivù. Macché. Mamma e papà si erano guardati, le avevano chiesto cosa volesse dire, poi era partita la solita batteria di richieste di spiegazione, che si era conclusa con la ritirata di Bianca nella sua stanza, offesa dall'evidente sottovalutazione della sua proposta, quasi fosse un capriccio.

Poco dopo, papà si era fatto vivo (si fa sempre vivo lui prima di mamma). Aveva trovato una mediazione: «Ti sei informata già, o vuoi che lo facciamo insieme?».

Be', era già un passo avanti. Bianca si era rasserenata, aveva iniziato a sperare. Papà poteva essere un buon alleato. Perché anche lui, da ragazzo, aveva studiato lontano da casa per un po', e poi era un tipo più comprensivo. Mamma, invece, sollevava subito barriere ed era veramente difficile riuscire a espugnare la sua difesa. Ciò che l'aveva più ferita era l'osservazione preoccupata che aveva rivolto a papà, anziché a lei:

«Ha dodici anni, è troppo vecchia per iniziare la danza classica. Andrà incontro a una tremenda delusione».

A ripensarci, è un miracolo che sia arrivata fin qui, che abbia visitato la scuola e ora sia seduta con papà, pensieroso, in un bar affollatissimo.

«Sei soddisfatta della visita? Sei convinta?», le domanda, cercando di mantenere un tono basso, in mezzo all'alto volume delle voci e della musica sparata da un video sull'angolo in alto. Bianca sta proprio osservando distratta quel video di una bionda cantante pop che si dimena in mezzo a un gruppo di ballerini. Anche quella si chiama danza. Ed è quel tipo di danza che Bianca potrebbe fare senza sforzo, senza nessuna difficoltà. Nel saggio di Natale avevano preparato una breve coreografia moderna, che aveva entusiasmato i genitori. Musica pop, passi veloci, lineari, divertenti. Per quel tipo di ballo, lei non è troppo vecchia, anzi. Ha l'età giusta, e potrebbe finire anche in televisione. Così le aveva detto Iris, per consolarla.

«Ma sei sicura della danza classica?» Ci si metteva anche lei, a dubitare.

Bianca non si prendeva neppure la briga di rispondere. Se Iris faceva quella domanda, significava che non aveva capito nulla.

«Voglio dire, è talmente dura! E poi, scusami se te lo dico, è un po'… antica.»

«Si chiama classica», l'aveva corretta Bianca, seccata.

«D'accordo, classica. Ma chi ci va più a vedere il balletto classico?», ribatteva Iris. «Potresti fare danza moderna, è fortissima la danza moderna, e poi ci sono certi ballerini… Hai presente Kim?»

Bianca si era stretta nelle spalle. «Ora ti faccio vedere qualcosa.» Aveva mostrato lo schermo del cellulare e aveva fatto partire il video. Sulla scena brillava il corpo alto e muscoloso, splendente, di un ballerino che volteggiava in un a solo.

«Urca! E chi è questa favola?», aveva sgranato gli occhi Iris. Bianca era scoppiata a ridere.

«Roberto Bolle.»

Iris si era messa a ridere come una matta. «Allora capisco tutto.»

Lei sì, ma papà e mamma stanno ancora tentennando prima di capire sul serio. Anche la domanda che le sta ponendo papà, in questo bar incasinato: «Sei convinta?», dimostra quanto sia lontano da capire. A dire la verità, Bianca ha fatto questo viaggio perché si convincesse lui.

Comunque, annuisce. Papà tamburella con le dita sul ripiano del tavolo.

«Credi che io sia troppo grande per essere accettata in Accademia?», domanda a sua volta.

«Non ci sono limiti di età, l'abbiamo visto insieme», ribatte lui, freddino. «E poi non sta certo a me deciderlo. Ci sarà un'audizione, mi pare. Giudicheranno gli insegnanti.»

Certo, giudicheranno altri che se ne intendono. Bianca non ne può più di sentire pareri di chi, della danza, sa poco o nulla, ovverosia genitori delle amiche, professori, amici e conoscenti. Tutti s'improvvisano esperti di balletto oppure psicologi: è meglio cominciare prestissimo, Bianca è troppo grande, potrebbe essere soltanto un capriccio, non si ha idea di come siano dure queste scuole, rischia di battere la testa contro un muro invalicabile, non è preparata... Quanti ne ha sentiti di questi discorsi, fatti addirittura davanti a lei?

Ma ora basta. Papà ha visto, si tratta di una scuola seria, e ora sta a lei riuscire a entrare, convincere i genitori a iscriverla all'audizione.

In quel momento, il suo sguardo è catturato dal gruppo che entra nel locale. Sono quattro ragazze in tuta, tutte con i capelli stretti in piccoli chignon, il passo e la postura inconfondibile: sono ballerine. Bianca ha l'impressione di avere davanti agli occhi la proiezione di se stessa nel prossimo futuro e sente affiorarle sulle labbra il suo famoso sorriso da Gioconda.

4.
Troppo giovane per cominciare

Se pensava di aver oltrepassato l'ultimo ostacolo, si sbagliava. Rientrata a casa, sembra quasi che la visita all'Accademia non ci sia stata, anzi, che quella visita abbia persino aumentato il bisogno di tutti di dire la propria.

Così, non bastassero papà e mamma, ancora poco propensi ad accettare che lei partecipi all'audizione, entrano in campo i nonni, gli zii, persino la cugina grande che da ragazza ha frequentato l'Accademia di arte drammatica a Roma perché pensava di fare l'attrice, e ne ha ricavato soltanto una grandissima delusione.

«Te lo devo proprio dire: passano soltanto i raccomandati», le dice in tono da indovina. Bianca sbuffa:

«Ma stai parlando del teatro!».

«Anche i ballerini vanno in teatro», ribatte lei, prontissima.

«In modo diverso, ti pare? Non si tratta di recitare, ma di ballare. Bisogna saper ballare bene, essere preparatissimi.»

Bisogna dire che la cugina Ely ha mantenuto una certa capacità teatrale. È impressionante come riesce a mutare la faccia e la voce parlando.

«Anche per interpretare un dramma bisogna essere molto

bravi, bisogna studiare, prepararsi. La voce, i gesti, i movimenti, è tutto molto studiato», dice, in tono frivolo. Ma poi la voce si fa più roca e gli occhi dardeggiano di rabbia trattenuta. «Ma non basta. Puoi essere la più brava del mondo, ma poi scelgono quella che sta con il regista o con il produttore. Passa quella che ha un aggancio, qualcuno che spinge.»

«Magari nella danza non è così», ribatte cocciuta Bianca.

Ma anche la cugina insiste, sputando astio: «Strano. Perché è così nel teatro, nel cinema, nella televisione, dappertutto».

Sì, però alcuni molto bravi vanno avanti anche senza l'aggancio. Bianca lo sa, ma non le sembra il caso di discutere con la cugina che si è proprio scottata, con il teatro. Ma era in un'altra città, in un'altra accademia, e anche in altri tempi. Sono passati dodici anni, quanti ne ha ora Bianca: non c'erano nemmeno i cellulari, a quell'epoca! O forse sì? Di sicuro non c'era la rete, non come oggi almeno, dove magari si denuncia subito e a tutto il mondo se fai il furbo e vai avanti per raccomandazione... Le spiace tanto per Ely, che si è rassegnata ad aprire un negozio di roba vintage molto teatrale, ma la danza è un altro mondo, dove bisogna avere qualità fisiche, dinamiche, ci vuole un corpo flessibile, nato per ballare.

Poi ci sono i professori, a scuola. Sembra che mamma sia riuscita a stringere una formidabile alleanza con quella d'italiano e quella di scienze per riportare papà sul giusto binario della disapprovazione. Le insegnanti non si fanno alcuno scrupolo di ricevere la famiglia intera, Bianca compresa, per dare il proprio insindacabile giudizio. La professoressa Corsi, forte della sua fama di donna "molto comprensiva e materna" e della sua presenza costante in classe, grazie alla quale conosce i ragazzi meglio di ogni altra collega, viene subito al punto cruciale:

«Vedi Bianca cara, questo tuo desiderio ti fa molto onore. La danza classica è una grande disciplina...».

Arte, vorrebbe correggerla Bianca, ma tace. Ci mancherebbe di contestare la parola della prof d'italiano. Si limita a sollevare un po' le sopracciglia, un gesto ereditato da suo papà che comprende un ventaglio abbastanza ampio di cambiamenti d'umore, dal semplice stupore alla scontentezza, fino all'irritazione. Ora è sconcerto venato di fastidio: si capisce che la prof è partita con il piede sbagliato, infilato nella staffa dell'incomprensione.

«Però io ritengo, davvero per il tuo bene, che sia troppo presto per farti andare così lontano da casa. Penso che tu sia troppo giovane per cominciare.»

Ora le sopracciglia di Bianca schizzano sulla fronte: «Come, troppo giovane?». Si volta a destra e a sinistra di scatto, per cercare le espressioni di mamma e papà seduti ai suoi fianchi. Sua madre interviene subito, accorata.

«Sì, amore. La professoressa dice le stesse cose che ti sto dicendo io da mesi. È troppo presto, sei ancora una bambina, devi finire la scuola. Possiamo riparlarne magari quando ti iscriverai in prima superiore, vero Sandra?»

Bianca spalanca la bocca, sorpresa. Da quando mamma ha preso a chiamare la prof per nome? Così, si gira di nuovo verso papà, che è rimasto immobile come una sfinge.

«Sono molto d'accordo», decreta la prof, e deve essere proprio scombussolata per usare prima un termine sbagliato e adesso un aggettivo a sproposito. In classe ci tiene a ripetere che non ha senso usare rafforzativi per negare o approvare, casomai si può spiegare che si è d'accordo su un punto e non su un altro. Avrebbe dovuto dire: sono del tutto d'accordo. Ma ecco, se rimugina su queste sottigliezze, si vede che è lei, Bianca, a essere sbigottita davanti a questi discorsi che le cadono addosso come pietre, benché siano pronunciati in tono affettuoso. «Un anno in più ti può soltanto essere di aiuto per decidere meglio, per prepararti. Puoi sempre continuare a studiare danza nella scuola dove sei andata finora, non ti pare?»

Bianca abbassa le spalle, china il mento. Prova un'ultima difesa, mormora: «Non credo di avere più niente da imparare, lì».

«Per fortuna non c'è Laura!», esclama mamma, che ha preso a chiamare tutte le insegnanti per nome, come fossero amiche del cuore. «Come fai a dirlo? Basta mettersi d'accordo, in fondo Laura è una professionista.»

«Mamma, è diverso», ribatte Bianca, con una punta di esasperazione nella voce. Sarà la centesima volta che cerca di spiegarlo a sua madre, però lei non ci sente! «All'Accademia si studia danza quasi tutto il giorno, tutti i giorni, non due volte la settimana.»

A dimostrazione della sua scarsità di ascolto, mamma ribatte secca: «Ne abbiamo già parlato. Puoi andare a lezione di danza tutti i giorni, se vuoi. Nel corso avanzato».

«Ecco, poi mi sembra eccessivo che alla tua età si dedichi la maggior parte del tempo solo a una disciplina, mentre avresti bisogno di imparare molte più cose...», aggiunge la prof, insistendo di nuovo con la disciplina.

«Che ho bisogno di imparare di più, lo so», osserva Bianca, lottando per convincere almeno lei. «Per questo ho scelto l'Accademia: oltre alla pratica, c'è la teoria, si studia storia della danza e poi si va a scuola, la mattina, e il pomeriggio si fa lezione.»

«Certo, andrebbe benissimo», risponde mamma, al posto della prof. «Se fosse vicino a casa, se tu non dovessi trasferirti così lontano.»

Ora papà si sente in dovere di intervenire di rincalzo. «Sì, tesoro. Il problema è questo: è troppo presto per andare a vivere da sola, così lontano.»

Le spalle di Bianca si sono abbassate ancora, il corpo si sta afflosciando sulla sedia e ha la sensazione che anche la faccia stia cadendo a pezzi, è come se i lineamenti si sciogliessero. Abbassa lo sguardo sul tavolo della sala professori e le pare di avvertire una vibrazione dentro di sé, come quando preme il tasto per togliere la suoneria del cellulare.

La prof, nel salutarla, le posa una mano sul mento e le dice qualche frase gentile e affettuosa, da donna comprensiva e materna. Mamma le circonda le spalle con un braccio, protettiva, la bacia sulla guancia, le chiede se non è «troppo arrabbiata, per caso?». Papà la guarda allontanarsi e le sembra che Bianca sia diventata ancor più piccola e pallida, mentre sale le scale della scuola e va a rintanarsi nella sua classe, soccorsa dagli occhi di Iris, enormi, raddoppiati dalle lenti, che sembrano radiografarla mentre domanda, allarmata:

«Urca, che ti è successo? Ti hanno torturata?».

Bianca però non è al momento raggiungibile.

5.
Non ti prenderanno

La sua delusione satura l'aria della sua stanza e si riversa nel resto della casa, aleggiando come un fantasma nel soggiorno, per spandersi in cucina e scolorire i quadretti naïf, incupire le foto di famiglia appese alla parete di fronte alla finestra e la finestra appannarla, raggrinzirne le tendine di pizzo. È capace di rovinare persino la cena di solito appetitosa. Mamma è una maga a preparare cibi sfiziosi con pochi ingredienti, con quel che c'è in casa, sa inventare varianti di piatti banali. Forse avrebbe dovuto studiare da cuoca e oggi sarebbe chef, ma a dirglielo scoppia a ridere.

«So fare benino un po' di tutto, per questo non sono particolarmente brava in niente», ribatte all'amica Grace che ogni volta si complimenta della cena e appunto le dice che avrebbe potuto essere una grande chef, anzi, che potrebbe sempre iniziare. Mica è troppo tardi! C'è chi inizia carriere sfolgoranti a cinquant'anni.

Sembra che anche le mamme abbiano amiche del cuore, come Bianca ha Iris. Grace e mamma si sono conosciute all'università, e sono rimaste legatissime, benché abbiano preso strade diverse: Grace è agente di commercio, mentre mamma lavora in una piccola casa editrice. Talmente piccola che i redattori sono uno soltanto, cioè lei, mentre la proprietaria, la dottoressa Otis, si occupa della "parte editoriale", che significa soprattutto chiacchierare per ore con gli scrittori, andare a pranzo con loro, inseguire i giornalisti per raccontare della sua ultima scoperta, una poetessa in odor di premio Nobel. Ma poi, questo premio Nobel non arriva mai. Per la solita storia lamentata dalla cugina Ely: le trame segrete che portano in luce sempre "gli altri". Non che mamma ambisca a essere la redattrice di un editore che ha scoperto un premio Nobel, per carità. Ne ha già abbastanza a seguire una mole di lavoro enorme, da sola con tutte le fisime di scrittori che ululano di strazio ogni volta che mamma osa cambiare una parola, benché si tratti di una banalissima ripetizione. Mamma racconta spesso le follie degli autori, che al primo romanzo si sentono già «Tolstoj, ma migliore perché più moderno», e che oltretutto Tolstoj non l'hanno nemmeno letto, perché «tutte quelle pagine, sai che lagna!». Sono autori più presuntuosi che di vero talento, e possono ritenersi fortunati di una pubblicazione sortita dall'abilità commerciale della dottoressa Otis nell'ottenere finanziamenti da un assessorato o dall'azienda del tram, dal Rotary Club o dagli Amici dei Musei, persino dalla Fratellanza Militare.

Sarà per questo che mamma è spaventata dal desiderio di Bianca, dalla sua aspirazione artistica. Teme che sia sproporzionata, forse blandita dal giudizio lusinghiero della maestra di danza, destinata a sgonfiarsi come il suo soufflé. Del resto, come il suo ragù, il talento di Bianca può bruciarsi e la sua sensibilità di ragazzina può fare la fine del suo arrosto, diventato duro come una pigna.

Bianca si siede a tavola, con l'espressione atona che ha assunto da qualche giorno, cioè da quando la conversazione con la prof, rafforzata da un colloquio telefonico con l'insegnante di scienze (altra alleata di mamma), ha decretato che lei è ancora «troppo giovane per andarsene di casa». Ha il viso smunto e slavato di chi ha passato una brutta influenza; anche Grace ne è colpita, e distoglie lo sguardo imbarazzata dopo averla fissata per qualche istante. Gli occhi di Bianca, castano-dorati, sono opachi e scuri e sembrano dilatati in due buchi neri che stanno inghiottendo la faccia.

Stasera, papà non c'è. Deve finire un lavoro urgente in ufficio e queste serate fuori casa, anziché pesargli, sembrano sollevarlo. Non deve sopportare lo sguardo spento di sua figlia, né respirare la tristezza ristagnante nell'appartamento, che non se ne va neppure a spalancare le finestre, anzi, la nebbiolina di fine marzo che s'insinua in casa sembra offrire maggiore densità alla delusione lattiginosa che avvolge Bianca. Anche Grace, che non è proprio una sensitiva, la avverte e reagisce con ilarità esagerata. Oltretutto, prende anche a bere un po' di più del solito.

«Una tavolata di donne!», osserva euforica, lanciando il suo sguardo scintillante verso le altre tre ragazze: mamma, Bianca e Micol, l'unica che risponde con allegria all'entusiasmo di Grace, sollevando il suo bicchiere di plastica rosa contro il calice della donna, per un brindisi. Ma Micol ha cinque anni, che ne sa lei del senso d'impotenza, dell'angoscia di non poter decidere della propria vita? Figuriamoci, lei è ben contenta di seguire le regole familiari, e guai anzi se si esce dalla solita routine, se per esempio una sera non si fa il bagno o non si lavano i denti, se mamma si dimentica la merenda nello zainetto, se non è pronto il grembiule per i laboratori. Lei non è il tipo che si chiude in un mutismo addolorato, come Bianca. Lei scatena un finimondo, batte i piedi, e sprizza dagli occhi lacrimoni che rotolano giù dalle guance. Chissà, se Bianca strillasse e piangesse, sbattesse la porta della sua stanza, insomma se si esibisse in una bella scenata, magari papà e mamma la smetterebbero di fare finta di essere comprensivi e democratici, di ripetere che «cercano solo il suo bene» quando ascoltano il parere di tutti, anche del primo che passa, invece della voce che proviene dal centro più profondo di Bianca e chiede disperatamente di essere ascoltata. Mostrerebbero insomma la loro vera faccia di spietati controllori, d'impositori. Allora, Bianca potrebbe anche denunciarli per abuso, per crudeltà, e andarsene. Insomma, scappare di casa, come le ha consigliato Iris:

«Perché non scappi e te ne vai dritta all'Accademia?».

«Ci vuole il permesso dei genitori», le ha ribattuto mesta. Ma Iris ha insistito, tutta accalorata:

«Tu dici che sei orfana, inventi un nome falso».

«Oh, Iris, non siamo mica in un film.»

Invece stasera, a questa tavolata, ha come la sensazione di essere dentro un set cinematografico. Sarà che Grace esibisce un nuovo taglio di capelli e una tintura un po' troppo fiammante da sembrare una specie di parrucca, sarà che mamma è vestita tutta di nero come una teatrante e ha esagerato con il trucco, abbastanza nero pure quello, in più ha preparato una tavola imbandita per una cena immangiabile. Sarà che Micol ha deciso di cantare le canzoncine dell'asilo e con la sua vocetta intrattiene le due donne e una ragazza attonita e silenziosa, ma se a un certo punto arrivasse il comando "stop" da una voce fuori campo e apparisse un regista, non ci sarebbe da stupirsi.

È chiaro che Grace è venuta qua stasera con una missione da compiere, ed è abbastanza "impossibile": rianimare Bianca, raccontarle di quando anche lei voleva fare la ballerina e ha studiato un paio d'anni all'Accademia, per fuggirne disperata. Per fortuna quegli aguzzini dell'Accademia non le hanno rovinato il gusto del ballo, e lei va ogni sabato con il compagno a danzare, partecipa anche alle gare... Tutto questo sta sciorinando un po' brilla, dopo aver ingurgitato coraggiosamente il soufflé e l'arrosto e dopo che mamma si è allontanata con la scusa di mettere il pigiama a Micol, che, da parte sua, stasera vorrebbe sovvertire le regole e rimanere a tavola insieme a "zia Grace" e dunque sta già iniziando il repertorio di proteste e uggiolii che echeggiano dalla camera in fondo all'appartamento.

Bianca ascolta la parabola di Grace, si stringe nelle spalle, non commenta. Ma cosa dovrebbe dire a chi le esibisce i propri fallimenti? Che le spiace, ma che a lei non accadrà? È da questo che mamma e papà si affannano a proteggerla? Sono davvero convinti che lei non possa farcela, che non sia all'altezza?

«Vuoi che sia sincerissima con te?», le dice Grace, ormai a corto di argomenti.

Bianca vorrebbe scrollare ancora una volta le spalle. Però

è curiosa di ascoltare un giudizio che pesa sul cuore di mamma, il giudizio della sua migliore amica.

«Se vuoi», risponde, allora.

«Scusa, non ti offendere, eh... Ma non ti prenderanno», decreta lei, con granitica sicurezza.

«Perché?»

«Perché te l'ho spiegato: sono severissimi, sono selettivi. Ci prova un sacco di gente e loro badano al corso di studi, tu hai cominciato tardi, non hai una preparazione accademica. Io avevo cominciato a cinque anni, l'età di Micol, ero impostatissima, avevo il fisico giusto... Te lo dico da amica: se anche ci provi, non t'illudere.»

«Non m'illudo», replica Bianca. Ma nella nebbia bluastra avverte una leggera scossa elettrica di speranza. «Ma almeno voglio provarci. Non credi che mamma mi debba dare questa possibilità? Provarci? Poi mi metto tranquilla e non ci penso più.»

«In effetti», replica Grace, asciutta.

Gli strilli dall'altra stanza sono cessati, e in cucina irrompe Micol, con il pigiama e sopra un tutù rosa, regalatole dalla nonna a Natale. «Sono una ballerina anch'io!», grida, e prende a volteggiare per la sala.

Sulla faccia di mamma, che scambia una rapida occhiata con Grace, si legge chiaramente la resa.

6.
Prendono chi è molto preparato

Stavolta, davanti al portone c'è una massa accalcata di persone vocianti. L'edificio spalanca la bocca per inghiottirle senza tanti complimenti, così ammucchiate, mentre spintonano e scalciano e protestano per la generale maleducazione. Il custode inutilmente si sgola di fare piano, di calmarsi, di non fare ressa, tanto c'è posto per tutti. Sembra quasi che da un momento all'altro possa scendere giù una grata o una ghigliottina a sbarrare l'ingresso, e dunque tutti spingono fino all'atrio, dove finalmente si spargono come un'enorme manciata di semi, tutti quanti sospirando di sollievo e di stizza per il vergognoso comportamento altrui.

La maggior parte delle persone è formata da adulti, soprattutto donne. Soprattutto mamme, nonne e zie. Che sono venute quasi a esibire la completa discendenza matrilineare della candidata, spesso già acconciata con un perfetto chignon come perfetta è la postura della sua schiena.

«Fa danza già da sei anni», spiega allora quella che sembra la nonna, una matrona dai capelli freschi di parrucchiere, grosse perle alle orecchie e due guance color mattone. Si sta sventagliando con un libretto. «È impossibile che non la prendano.»

«Ha cominciato a sette anni, grazie a me», aggiunge la madre, portandosi una mano aperta sul petto. «Ho capito subito che aveva talento. A tre anni già ballava da sola, ascoltando la musica!»

I genitori di Bianca li ascoltano con molta cortesia, sorridono. Papà commenta: «Davvero? Complimenti».

«E la vostra?», chiede allora la matrona, indicando Bianca.

Art si schiarisce la gola. Mamma lo anticipa, dice: «Ha voluto lei».

«Ma certo che vogliono loro, ci mancherebbe», reagisce con aria scandalizzata l'altra mamma, e ride. «Anche Beba, la nostra, ha deciso lei, ha fatto tutto lei, vero amore?»

Beba, dritta come un fuso, reclina la testolina che pare una capocchia di spillo appuntata sulla pelliccia della nonna.

«Ha fatto tutto con l'internet, quella roba che usate voi giovani», spiega la matrona, sprizzando orgoglio, e stringe un po' a sé la sottilissima nipote, che affonda nel suo corpo da orso.

«È venuta anche mia sorella», spiega la mamma di Beba, indicando una giovane donna anche lei acconciata con uno chignon e molto truccata. «È ballerina anche lei, ma fa danza moderna. Conosce benissimo uno dei maestri dell'Accademia.»

Art e Barbara, i genitori di Bianca, allungano le mani, mormorano educate formule di presentazione. Bianca si è allontanata di qualche passo, cerca di non ascoltare, in fondo non è difficile, basta non soffermarsi sulle singole parole, sulle frasi, e lasciare che quel calderone di corpi emetta solo un generico cicaleccio come quello degli storni sugli alberi in autunno.

Che non sarebbe stata sola, lo sapeva, che sarebbero venute candidate da ogni parte del Paese, anche questo sapeva. Ma non immaginava una tale massa di persone, quasi che di colpo tutto il mondo avesse scoperto la danza e ambisse a entrare in Accademia. Sbircia le altre ragazze: hanno la sua età, sicuro, perché l'audizione è per il suo livello, ma alcune sembrano più grandi, sono truccate con il rossetto e il fard sulle guance, il rimmel e una sottile riga di kajal nell'interno dell'occhio, indossano body con sopra golfini di cachemire incrociati e allacciati in vita, leggings, scaldamuscoli. Non immaginava che molte ragazze decidessero per un aspetto così smaccatamente da ballerine. Lei indossa una tuta molto semplice, e ha i capelli trattenuti da una coda di cavallo. Ve ne sono altre, come lei, che sfoggiano tute di felpa, ma con il marchio di una famosa griffe della danza ben in vista e scarpe da palestra della stessa firma.

La mano di papà si posa sulla sua spalla: «Come va?».

Bianca si riscuote. «Bene. Bene.»

Art annuisce. Quando Bianca ripete due volte "bene" significa che è tranquilla e a suo agio. «Quanta gente, però», osserva, tanto per fare due chiacchiere. Per distrarre Bianca e allentarle la tensione, anche se, all'apparenza, non sembra affatto agitata, anzi. Non fosse per la pettorina con il numero, non si direbbe in attesa di un'audizione. Art l'ha vista più preoccupata e in ansia dal dentista, per esempio.

«Siamo più noi parenti che voi ragazzi, anche a parlare», osserva di nuovo papà, ridacchiando. È uno dei pochi uomini presenti, e l'unico che non sta parlando o digitando al cellulare. Invece, mamma sta digitando sul suo, concentratissima. Ha preso un giorno di ferie, ma la dottoressa Otis la sta mitragliando da stamattina di messaggini e mail, come se proprio oggi in casa editrice fossero arrivati affari d'oro. C'è poi un'autrice che proprio non ne vuole sapere di lasciare in pace mamma, e continua a chiamarla per chiedere spiegazioni sulle piccole modifiche apportate al suo libro, un'autobiografia che non può essere cambiata di una virgola, altrimenti perde tutta la sua autenticità.

Bianca si gira, sentendo su di sé lo sguardo soppesante di una ragazza e di sua madre. Sono pressoché identiche: entrambe magre, slanciate, castane e pettinate con la frangetta, tutte e due in leggings neri e stivali morbidi, di quelli che papà definisce "da Robin Hood". Che una sia la madre si riconosce dalla faccia meno elastica, con le labbra gonfie, e dalle striature dorate nei capelli che le cadono sulle spalle. La figlia ovviamente li ha raccolti in uno chignon e le labbra le ha ancora morbide di suo.

«Ciao», fa Bianca, disinvolta, per scuotersi di dosso quello sguardo pungente.

«Ciao», risponde l'altra, sfoderando un sorriso palesemente finto.

«La conosci?», domanda Art.

«No, ma siamo colleghe, vero?», ribatte l'altra ragazza, allungando una mano per stringere quella di Bianca e di suo padre.

«Speriamo», sorride lei, presentandosi: «Io sono Bianca, questo è mio papà».

«Mi chiamo Debbie, e questa è mia mamma, Debora.»

Art stira le labbra in un neutro: «Salve». Mentre la mamma trilla: «Un papà! Come ha detto che si chiama?».

«Non l'ho detto. Arturo», replica lui, in tono educato ma abbastanza freddo. Ha la sensazione di dover tenere le distanze, con queste due che sembrano uscite da un talent show televisivo. Sua figlia gli lancia una rapida occhiata obliqua, incuriosita. Sono secoli che non sente pronunciare per intero il nome di papà: per tutti da sempre è "Art", come lo studio di grafica che gioca proprio sul suo nomignolo "Art graphic".

«Sei venuto tu ad accompagnarla? Che tesoro!», sta commentando la signora, passata subito con grande disinvoltura al tono confidenziale, come una vecchia amica.

Art solleva un poco le sopracciglia, e le indirizza un sorriso imbarazzato. «Ci tenevo a venire...»

«E hai fatto bene, è un'occasione unica per le nostre ragazze, e anche per noi», sta cinguettando la donna, sfiorandosi i capelli come un gatto che si liscia i baffi.

«Per noi?» Art appare perplesso. Cerca con lo sguardo il soccorso di sua figlia, ma quella sta confabulando per conto suo con l'altra ragazza e lo ha visibilmente mollato alla sua faticosa conversazione.

«Ma sì, cominciamo a prendere confidenza con questo mondo, a fare qualche conoscenza. Anche tu sei separato, Arturo?» Debora ha abbassato ancor più la voce, pronunciando il nome in un soffio, quasi fosse una parola magica. Lui però si confonde. Sta quasi per dire: Arturo chi? E poi questa domanda, cosa c'entra?

«Io veramente...» fa vagare lo sguardo per la sala, ma sua moglie è sparita. Si è allontanata poco fa per parlare all'autrice afflitta e ora dove si è cacciata? Non gli resta che riparare verso la figlia, mostrandosi interessatissimo a quel che le sta dicendo Debbie.

«Io ho fatto uno stage con la maestra Popova a maggio.»

«La Popova, quella che insegna qui all'Accademia», ribadisce sua madre, rivolta però ad Art, cui indirizza un occhiolino complice. «E che sarà tra i docenti dell'audizione.»

«Ah», commenta papà, lapidario.

«Capisci, è impossibile che non prendano Debbie. È stata una sua allieva, la riconosce senz'altro, era una delle migliori.»

«Ma certo», dice distrattamente Art, mentre la ragazza insiste, rivolta a Bianca:

«Tu hai fatto qualche stage di preparazione?».

«No, mi sono preparata con la mia maestra. Faccio danza da... tre anni.» Esagera un po'. È stufa di sentirsi dire che due anni non sono niente per studiare balletto. Ma Debbie sgrana gli occhi e si stupisce:

«Soltanto? Fortunata te! Io studio danza da quasi dieci anni».

«Come sarebbe, dieci anni?», stavolta è Bianca a essere incredula.

«Ho cominciato a quattro anni, a settembre ne compio quattordici, quindi...»

«Ormai sei quasi una professionista», interviene papà, ironico.

«Puoi ben dirlo», sfodera le unghie la mamma, un filo irritata. «Ma come sai ci vuole il diploma per essere ballerine, così bisogna fare questa trafila. Anche la Popova ci ha detto che non c'è altro modo. Bisogna fare l'audizione come dei principianti, le solite faccende burocratiche.»

«Come la scuola», replica Art, asciutto.

«In che senso?», la donna lo fissa interrogativa.

«Anche la scuola è obbligatoria, una faccenda burocratica, insomma. Eppure bisogna frequentarla, c'è sempre da imparare.» Art sta diventando sarcastico, quando finalmente mamma si materializza al suo fianco, borbottando:

«Scusami, ma la Forteza Manier mi ha tenuto una vita al telefono per un paragrafo...».

Il gruppetto cade nel silenzio, e mamma resta sorpresa: «Ho interrotto qualcosa?».

Art la prende a braccetto: «Ma no, due chiacchiere...», e si affretta a spiegare a Debora e Debbi, mamma e clone: «Questa è mia moglie».

«Somiglia alla ragazza», commenta la donna, stirando le labbra.

«Davvero? Di solito dicono che Bianca è identica a suo papà», osserva mamma, compiaciuta.

Bianca e Art si scambiano un'occhiata, sollevando entrambi il sopracciglio sinistro.

7.
L'audizione

Mentre oltrepassa la soglia della sala, Bianca ricorda le parole della maestra Laura: «È una lezione di danza, tutto quello che devi fare è rimanere rilassata, e concentrarti su quel che ti dicono».

Art rivolge un ultimo sguardo a sua figlia, oltre le teste dei genitori accalcati per vedere le proprie bambine entrare nella sala dell'audizione. Qualche mamma ha già la lacrima sul ciglio, altre lanciano un bacio, quasi le loro ragazze stessero salendo su una nave che le porta via. E a qualche ragazza tremano le labbra o le mani, qualcuna sbatte nervosamente gli occhi, ma non Bianca, che appare calma, addirittura serena. Ha avuto molta più ansia nelle interrogazioni in classe, per esempio. Allora ha provato autentici brividi di freddo, con le mani gelate e una specie di paralisi alla lingua, per cui si è messa a volte persino a balbettare. Per non parlare di compiti per i quali ha rischiato di passare la notte in bianco dall'agitazione, come l'esercitazione di storia, con tutte quelle maledette date e quei nomi da tenere a memoria.

Ma oggi ha la certezza di essere nel suo elemento, come la Sirenetta che torna nel mare dopo aver sofferto le pene dell'inferno a camminare e respirare sulla terra. Come mai nessuno ha pensato di comporre musica per un meraviglioso balletto su questa fiaba che forse è la sua preferita? Eppure, a Bianca sembra perfetta per una ballerina: la sala degli specchi è come il fondo del mare, con i suoi riflessi argentini, dove lei prova la leggerezza e la fluidità dei movimenti, sente la facilità di flettersi e allungarsi e acquisire vivacità, brillantezza.

Prima di prendere posizione, ha lanciato un'occhiata verso il gruppo di esaminatori. Di russe ce ne sono due, le hanno detto prima, quando era fuori con le aspiranti allieve: la Popova e la Bobulova. Chi sarà, tra le due, occhio di falco? Eccola, è quella lì. Ha proprio un brutto ghigno, si vede da come le scruta una a una, con un'espressione che sembra di riprovazione. Se Bianca dovesse coreografare *La sirenetta*, ecco, la Popova o Bobulova sarebbe la strega del mare, quella che cattura la voce della sirena e i capelli delle sue sorelle.

Nessuno parla, dei maestri, si limitano a osservarle con attenzione, mentre una giovane insegnante detta i movimenti e li mostra alle candidate, alcune delle quali non aspettano nemmeno di vederli, prima di compierli: vogliono esibire la loro competenza. Ma Bianca no. Aspetta, assorbe bene la consegna, e ricorda le parole della maestra Laura: «Non strafare, non esagerare. Apprezzano la naturalezza, tutti la apprezziamo. Io poi preferirei lavorare su qualcuno che non è già impostato, strutturato, ed è più rigido a cambiare. Ti aiuterà l'intuizione».

Bianca d'intuizione non sa niente. Le volte che ha provato ad andare a intuito ha sbagliato. A scuola sempre, perché se la lezione non la sai non la puoi intuire. E anche con un ragazzo che le piaceva molto, ha sbagliato tutto. L'intuizione le diceva che era interessato a lei, invece lo era a una sua amica.

Però stavolta, nella sala dall'atmosfera sottomarina, le sembra di cogliere al volo la famosa intuizione: concentrata, spalle aperte, collo dritto, piedi in seconda, braccia in alto, intuisce il movimento prima ancora di compierlo, e lo asseconda. Segue con la coda dell'occhio i gesti dell'insegnante, li fa propri e li replica, con "grazia ma senza affettazione", come ripete sempre Laura, che mostra loro cos'è la grazia, l'eleganza e invece com'è ridicola e artefatta "l'affettazione". Le allieve scoppiano sempre a ridere, perché Laura è buffissima mentre compie gesti esagerati e smorfie. Ricorre spesso a un po' di umorismo, perché è convinta che come nella vita anche nell'arte debba esserci ogni gradazione delle emozioni, tristezza e allegria, e che alla serietà debba accompagnarsi la risata, altrimenti non è danza ma una tortura.

La tortura invece è tutta per Art, fuori dall'edificio, per strada. I parenti sono stati invitati con gentile fermezza a uscire dalla scuola subito dopo aver salutato le ragazze. Con il loro chiacchiericcio, disturberebbero le diverse audizioni. Oltre a Bianca e alle altre ventiquattro ragazze, c'è un'audizione per i ballerini, al piano di sopra, e per le bambine, dall'altra parte del corridoio.

Centinaia di adulti sono rimasti per qualche minuto ad assembrarsi all'uscita, poi la folla si è diradata: chi si è rifugiato nel bar di fronte, chi è andato a fare due passi, chi ha approfittato per andare a fare compere, chi a far passeggiare il cane rintanato nell'auto. Art non ha voluto allontanarsi troppo dal portone, ha individuato un'edicola e si è diretto a comprare un paio di giornali, almeno si distrarrà con le notizie. Barbara si è messa a telefonare e ha ripreso l'estenuante conversazione con la scrittrice ansiosa. Beata lei, pensa Art, che non riesce a concentrarsi neppure sui titoli e li legge più volte prima di comprenderne il senso. Lancia occhiate all'edificio dove sua figlia sta sostenendo l'esame più importante della sua vita e gli si chiude lo stomaco. Quando l'ha vista entrare così tranquilla, lo sguardo determinato, a fronte alta, ha sentito accelerare il cuore, gelarsi le mani, tremare le gambe, quasi che tutta la paura e l'ansia che dovrebbe provare lei si fossero trasferite telepaticamente su di lui. Meglio così, pensa. Che lei sia serena e rilassata, che dia il meglio di sé, che non soffra. Io invece posso anche tremare qui fuori, sentire nausea e brividi come se avessi un'influenza fulminante, tanto devo soltanto aspettare che il tempo scivoli via leggero e soffi come un respiro caldo e gentile su mia figlia.

«Allora?» La domanda di Barbara lo fa sobbalzare. «Cosa dicono i giornali?»

La fissa stralunato da dietro gli occhiali da lettura: cosa dicono? Bofonchia: «Le solite cose…».

«Andiamo a sederci da qualche parte?», chiede allora lei, guardando intorno. È una bella giornata e ci sono i tavolini all'aperto anche lungo la strada.

«Decidi tu», ribatte lui, atono. La moglie lo guarda: «Lo so, è un incubo aspettare. A me tremano le mani, non vedo l'ora che finisca tutto».

Art prende un bel respiro: «Manca ancora un'ora».

«Oddio, un'ora. Facciamo quattro passi, allora, almeno

ci sfoghiamo. Via, tra poco è finita, tanto non la prenderanno e torneremo a casa in santa pace.»

In santa pace, si ripete Art cercando di placare il subbuglio che sente dentro.

Quell'ora sembra non finire mai, è ancora peggio di quando Bianca è nata e Art teneva la mano di Barbara durante le doglie, è peggio di quando Bianca ha avuto quaranta di febbre la notte e sembrava entrata in delirio e loro due temevano la meningite, è peggio di quando è caduta dalla terrazza e si è spaccata un labbro e il sangue le è colato tutto addosso, è peggio di tutto quello che Art rimugina e ripensa perché in ognuna di queste occasioni lui era intervenuto, si era adoperato, aveva chiamato il medico, era corso al pronto soccorso, aveva fatto, detto, tamponato, riparato.

Oggi invece lei è tutta sola, là dentro, deve vedersela da sé. A lui è sembrata la più fragile di tutte, la più bambina, è ancora così piccola, ha ragione Barbara a essere contraria: Bianca deve essere protetta anche da se stessa, dalla sua testardaggine. È troppo presto, ancora troppo presto per tutto questo, si dice Art, sperando dentro di sé che gli insegnanti di danza gli restituiscano sua figlia il prima possibile!

Non sono i primi, Barbara e Art, a essere tornati davanti al portone molto prima del previsto. I parenti sono per la maggior parte già lì davanti, ma stavolta si parla meno, si aspetta con trepidazione che il portone si apra ed escano le ragazze. Tutti continuano a guardare l'orologio o il cellulare, a domandarsi come mai tardano, dovevano finire cinque minuti fa, esattamente sei minuti fa, come mai prolungano?

Poi ci sono quelli che sanno sempre tutto e spiegano che è normale, a volte trattengono gli allievi per essere sicuri del giudizio, non bisogna essere fiscali, non è l'orario del treno, non siamo nella scuola pubblica, che suona la campanella e tutti schizzano fuori, per primi i professori...

Finalmente, il portone si apre ed escono le ragazze, sciamano i ragazzi, in una calca simile a qualsiasi altra scuola. Art scruta la folla, cercando il visuccio della sua bambina, e quando individua Bianca è quasi sorpreso di non vederla com'era da piccola, paffutella e con i riccetti. Quasi si domanda come abbia fatto a diventare tutta d'un tratto quella ragazzina con la faccia affilata e i capelli lisci che ribatte con olimpica serenità alla domanda ansiosa di Barbara su com'è andata:

«Bene. Bene».

Tuffa le mani in tasca ed estrae il cellulare. Dopo i pochi minuti che ha dedicato a mamma e papà, Bianca è già altrove, insieme alla sua amica Iris o chissà chi altra a condividere l'emozione della prova, con un linguaggio estraneo ai genitori, tutto fatto di risatine, esclamazioni, parole in dialetto, e altre ignote, inventate dalle ragazze per capirsi soltanto tra di loro, per i loro segreti.

Art e Barbara sanno che devono restare lì ancora per un po', in attesa dei risultati che saranno esposti tra pochissimo. Si scambiano un'occhiata reciproca che significa: non ne posso più. «Grazie al cielo è una cosa veloce», bisbiglia Art, «i risultati sono immediati».

Bianca sta ancora confabulando in tono soffice al cellulare, spiegando minuziosamente la prova a Iris, quasi passo per passo, come non si è sognata di fare con i genitori che sembrano esasperati dalla confusione, dall'attesa, e ormai non si curano più neppure di intrattenere uno straccio di conversazione con altri parenti. Papà si è tuffato nella lettura delle pagine culturali di un quotidiano, mamma sta leggendo chissà cosa sul tablet. Sono appoggiati al muro esterno dell'Accademia, un po' discosti dal portone, e quando questo si apre di nuovo per permettere al custode di appendere i fogli dei risultati, non si preoccupano neppure di farsi avanti, di tuffarsi nell'assembramento e andare a leggere. Così, tocca a Bianca scavare un piccolo tunnel nella calca, avvicinarsi all'ingresso, guardare il quadro esposto, registrare il risultato e già che c'è fare una foto, non sia mai che papà e mamma non ci credano. Poi torna indietro in mezzo a quel vociare stizzito, tra le prime proteste che si alzano già: «Non è possibile, deve esserci uno sbaglio, un imbroglio, sta a vedere che anche qua ci sono i raccomandati, non finisce qui...».

Art la vede spuntare dalla folla come un coniglietto bianco che balza fuori da un monticello. Prima ancora che Bianca parli, nota il suo sorrisetto da Gioconda e capisce tutto.

«Hanno preso solo me.»

PARTE II

L'Accademia

1.
L'appartamento

«Eccoci qua. Ti piace?»

Art lascia cadere il pesante borsone sopra il divano del soggiorno, a pochi passi dalla porta d'entrata. Poi si affretta ad aprire la serranda della finestra per far entrare la luce naturale nell'appartamento che, stretto nel cono di luce gialla di una lampada a forma di bombetta, sembra ancor più minuscolo. Bianca abbandona il trolley proprio di fronte alla porta, chiudendola con un calcio, mentre digita al cellulare la sua reazione a Iris.

«Abbiamo una cucina abitabile...», sta illustrando intanto Art, muovendo qualche passo verso una stanzetta attaccata al soggiorno. «Eccola qua: c'è un tavolo dove ci stiamo comodissimi, frigo, mi pare anche lavapiatti...» Sta aprendo gli sportelli e ispezionando gli apparecchi con un foglio in mano, per controllare che ci sia quanto previsto nel contratto dell'agenzia. «Abbiamo il ripiano di cottura elettrico. Una sciccheria, se lo sapesse mamma!»

Bianca solleva lo sguardo dal cellulare: «Fa' vedere...» Si dirige verso il ripiano di cottura e commenta, osservando la scintilla elettrica: «Mamma è una vita che vuole cambiare la cucina, non ne può più del gas e dell'accendigas che non funziona mai».

«Ecco, allora bisogna dirglielo che siamo messi benissimo, lei pensa che siamo sacrificati, invece...», replica Art. «Prima andiamo a dare un'occhiata al bagno, però.»

«La mia stanza? Posso vedere prima la mia stanza?»

«Ma certo, guarda, è in fondo al corridoio», scherza Art, indicando la porta chiusa accanto a quella d'ingresso.

Bianca fa una piroetta e in due falcate è già alla maniglia. La camera ha due lettini singoli proprio nel mezzo, di fronte a un armadio di legno. Anche qui, la luce che piove dal soffitto offre una visuale ristretta e cupa. Art sta già avvolgendo la tapparella, e apre le tende.

Bianca osserva preoccupata l'armadio: «Che facciamo? Lo dividiamo?».

«No, questo usalo pure tu», la rassicura il papà. «Io userò la cassettiera in soggiorno, e per il giaccone mi basta l'appendiabiti dell'ingresso.» Sta saettando lo sguardo per la stanza. Quello sguardo, Bianca lo conosce: papà sta misurando mentalmente le lunghezze, e immaginando un cambiamento. Pochi istanti, e le dice: «Dammi una mano, spostiamo questi letti, così ingombrano lo spazio».

Bianca sbuffa: «Ma va benissimo!».

Figuriamoci: questa stanza da dividere con papà è oro rispetto alla camera che ha diviso per due mesi con un'altra ragazza, in una famiglia che accoglieva le ballerine dell'Accademia. L'arredamento più o meno era lo stesso: mobili Ikea color caramello, armadio e letto, nessun cuscino né tappeto, e alla parete era appeso un angioletto di finto bronzo. Ricorda benissimo cosa aveva scritto a Iris, a caldo: "Una cella da monaca!!!".

Suo padre sta già afferrando la testata di uno dei lettini e la trascina verso una parete: «Fidati, dopo sarà meglio».

Niente da fare, quando papà si mette in testa una cosa, chi lo ferma più? Di malavoglia, Bianca lo aiuta a spostare il letto, addossandolo alla parete. Poi papà si dirige verso l'altro letto e lo spinge verso la parete accanto, in modo da formare una specie di elle con i due mobili. Il comodino lo sistema nell'angolo, in mezzo alle due testiere. Poi osserva il risultato, estraendo il fazzoletto dalla tasca: «Ora va meglio. Che caldo, però». Si toglie il maglione e lo getta su un letto.

«Deduco che quello sia il tuo posto», commenta Bianca, lanciandosi a sedere sull'altro letto per poi commentare: «Hai ragione, c'è più spazio».

«Scusa, che lavoro faccio?», domanda papà, con una punta di rimprovero.

Bianca solleva gli occhi al cielo: «Va be', papà! Sei architetto, ma non sei mica arredatore!».

«Se è per questo, non disegno nemmeno le case. Ma un po' d'occhio lo avrò pure, che dici?»

«Ma sì, hai ragione! È più carina la stanza.»

«Così quando vengono mamma e Micol abbiamo spazio anche per loro. Magari ci facciamo portar su una lampada da comodino, qui mi pare che ci siano solo questi lampadari da fabbrica», brontola papà, che per le luci ha un po' una fissazione. Se avesse visto quelle della stanza dove ha vissuto fino a un mese prima, sarebbe inorridito! Al soffitto un pallone di carta, e sul comodino una lampada con il cappello di stoffa e le frangette di metallo che illuminava meno del cellulare.

Ma è acqua passata. Ora Bianca non ha più un lettino da suora, ha un intero appartamento, tutto per sé. E per papà, naturalmente. Le sembra di essere arrivata in cima dopo aver scalato una montagna rocciosa e gelida. Anzi, questa scalata deve averla sognata una di quelle notti di magone prima che papà decidesse di trasferirsi in città con lei. Una di quelle serate piene di nostalgia, quando aveva la sensazione di essere sola, disperata, e telefonava a casa piangendo. Non era l'unica. Altre sue compagne telefonavano a casa piangendo, e come lei insistevano che la scuola era meravigliosa, che studiare danza era bellissimo, ma che mancavano loro la mamma, gli amici, la vita normale, rientrare a casa e trovare il pranzo pronto o magari da scaldare nel microonde, ma con la traccia di mamma, con un bigliettino di mamma, con il senso della presenza e l'odore di mamma in casa.

«Non ce la farà», aveva decretato sua madre durante la prima settimana in cui Bianca si era trasferita in città. L'aveva accompagnata, aveva visitato la famiglia d'accoglienza, si era ripetuta che era come se sua figlia fosse andata in un college in Inghilterra, ospite in una casa, lo facevano tantissimi ragazzi come lei… Poi, al ritorno, era scoppiata in lacrime e Art, per consolarla, le aveva ripetuto: «Non preoccuparti, tornerà prestissimo. Non resisterà».

Ma, il primo mese, Bianca aveva resistito benissimo. Era entusiasta delle novità: provava un grande senso di privilegio a entrare in Accademia ogni pomeriggio, dopo la scuola. La mattina era un'alunna qualsiasi, ma per mostrare che faceva parte di un gruppo scelto, che era un'allieva dell'Accademia, indossava sempre la tuta con il logo della scuola, e si acconciava fin dal mattino con lo chignon d'obbligo. Anche le altre, come lei, si distinguevano per la tuta e l'acconciatura, la postura dritta in mezzo a ragazze con i capelli sciolti e le spalle basse, le schiene incurvate, come fossero precocemente invecchiate. Si sentiva fiera di se stessa, orgogliosa di essere diversa da tutte le compagne che ancora conducevano la vita da lei superata con un ardito *glissade*: una vita banale, fatta di lezioni normali, compiti, chiacchiere, giratine in centro, forse un cinema al sabato. Mentre lei il pomeriggio lo passava davanti alla sbarra, sotto l'occhio di falco della maestra Bobulova. Aveva anche questo invidiabile privilegio: era seguita dalla maestra più brava, la severissima Bobulova, quella che non si accattivava il sorriso o la risata delle allieve, come la simpatica Laura. Non ne aveva bisogno, perché era circondata da un alone di competenza avvertibile a pelle, un'energia che calamitava l'attenzione di tutti, allieve, collaboratrici e pianista, con un solo sguardo, un minimo gesto. Era una forza che dominava la stanza intera e proiettava invisibili linee prospettiche che partivano dal suo centro e che le allieve dovevano riuscire a intercettare, per soddisfare la sua esigenza di armonia e levità.

Era settembre, il cielo era ancora terso e la luce morbida, le giornate piene, tanto che telefonare a casa appariva quasi una perdita di ritmo, e la sera Bianca era stanca morta, andava a letto prestissimo e dormiva come un ghiro.

Poi era arrivato novembre, con il suo gelido cielo buio, e Bianca sentiva che il suo spirito si era adeguato al grigiore piovoso e lugubre. La scuola le sembrava triste, la sua camera non ne parliamo, la famiglia che la ospitava più triste che mai. Quasi quasi invidiava le allieve nel convitto dell'Accademia, almeno non dovevano scambiare chiacchiere con persone che non c'entravano nulla con la loro vita, e che non volevano loro bene.

La sera chiamava casa e già sentendo la voce di mamma le veniva un groppo alla gola.

«Come stai, amore mio?», chiedeva mamma, e le sembrava la voce più calda e dolce del mondo, così rotonda e piena, diversa dal tono stridulo che usavano tutte le altre donne: le insegnanti della mattina, che dovevano superare il brusio costante della classe, le custodi, la segretaria dell'Accademia, la vice della Bobulova e persino l'unico uomo, il pianista, un giovane rinsecchito e incurvato dalla vocetta querula. La sola che parlava pochissimo era la Bobulova, lei aveva un timbro basso ma metallico, che strigliava. Non il balsamico soffio di mamma, che la spingeva subito a piangere.

«Bene...», balbettava, e giù lacrime.

«Allora, perché piangi?», tremava mamma, dall'altra parte del telefono. «Non ti trattano bene in casa? O all'Accademia? Non ce la fai più?» Mamma non aspettava neppure le risposte, mentre lei belava al telefono. «Cosa c'è? La scuola, gli insegnanti? Un brutto voto?»

«No, no... Mi spiace, è soltanto che mi sento... Non lo so, non è niente...», balbettava, poi quando al telefono arrivava Art, perché anche mamma si era commossa e cercava aiuto nel marito, allora Bianca si sfogava: «Voglio la mamma!», gridava come una bambina piccola, e Art si sentiva spezzare in due.

«Tornerà a casa molto presto, vedrai», diceva allora, abbracciando la moglie sconfortata. «Vedi? Non resiste, ha bisogno di noi. A Natale tornerà a casa e là non ci metterà più piede.»

Ma Bianca resisteva. Piangeva, ma resisteva. Le mancavano da morire la mamma, il papà, persino la sorellina, le mancavano i nonni, e Johnny il retriever che l'assillava con la pallina, le mancava Iris, la sua amica che di giorno in giorno le scriveva meno e qualche giorno non le scriveva affatto, e poi le altre amiche, anche la sua vecchia scuola le mancava. Ma teneva duro. Perché non le mancava invece la prima scuola di ballo, davvero da principianti, e sentiva che l'Accademia era l'unico posto per lei, e ogni giorno, oltrepassandone la soglia, provava un immenso senso di orgoglio e soddisfazione, mentre tutto quel fardello di tristezza e di nostalgia di facce e voci amate si scioglieva come un ghiacciolo al sole, lasciandole il vapore di imbarazzo per aver esagerato e forse aver detto a mamma che sarebbe rientrata. No, lei indietro non sarebbe tornata mai. Mai.

Ogni mattina, si svegliava alle sette e si preparava a sopportare le cinque ore di scuola come fosse seduta in macchina dentro un parcheggio. Le gambe sotto il banco tremavano, i piedi non stavano fermi, e anche la parte superiore del corpo, le braccia, le spalle, non riuscivano a imitare gli arti addestrati all'immobilità della gran parte dei suoi compagni. C'era chi stava impietrito sulla sedia, ai primi banchi, e chi per un'ora intera riusciva a tenere la testa appoggiata sui gomiti. Dovevano avere schiene di ferro, e soprattutto sederi d'acciaio. Perché invece la sua schiena non riusciva a stare appoggiata allo schienale di legno, e il suo sedere ossuto le doleva, sulla sedia dura e piatta, così cambiava posizione in continuazione, attirandosi sempre il biasimo degli insegnanti.

«Bianca, non puoi stare ferma per due minuti? Bianca, potresti fare a meno di stiracchiarti le braccia?»

«Ma prof! Mi fa male una spalla! Prof, ho un crampo al piede, giuro! Prof, scusi, posso uscire un attimo? Posso stare qualche minuto seduta sulle ginocchia?», protestava e si lamentava lei.

Era la prima volta che inscenava simili pantomime. Era sempre stata molto ligia e calma, a scuola. Non era certo tra le migliori per risultati, studiacchiava e si manteneva sul "livello della sufficienza", per il rammarico soprattutto di Sandra, la materna prof d'italiano che le ripeteva di sapere come «avrebbe potuto eccellere, se soltanto avesse voluto». Bianca però non era d'accordo. Era sicurissima che non avrebbe mai potuto eccellere neanche a mettercela tutta: lo studio non faceva per lei. Stare china su una pagina, a memorizzare dati, seduta a una scrivania, lo considerava un'autentica tortura.

Iris le aveva consigliato di imitarla, studiando sdraiata sul letto, a pancia in giù. Ma in quel modo, Bianca rischiava di addormentarsi, poco ma sicuro. Un'altra compagna le aveva rivelato che lei spesso studiava camminando per la stanza, come facevano i monaci. Ma Bianca nella sua stanza ridotta non avrebbe potuto compiere neanche quattro passi. Non parliamo poi della camera dov'era ospitata, dove i passi si riducevano a due e dove Hanna, la sua smorfiosa compagna di stanza, una ragazza di un anno più grande di lei, aveva occupato quasi tutto lo spazio con borsette cariche di prodotti di bellezza, e passava le serate tra effluvi di acetone, profumi di balsamo e di creme idratanti.

Benché alla famiglia che la ospitava non facesse per niente piacere, entrambe ogni sera sostavano lunghi minuti sotto la doccia, finché il bagnetto non diventava una specie di bagno turco, con lo specchio e i vetri della finestra talmente appannati da diventare bianchi. Poi, Hanna si dedicava a spalmarsi di crema, ripetendo la teoria sull'importanza della tonicità e dell'idratazione della pelle che aveva imparato da una parente estetista. Quasi ogni sera, poi, si ritoccava lo smalto delle unghie dei piedi. Delle mani, no: in Accademia non erano viste di buon occhio le dita colorate, ed era bandito il trucco, considerato un apparato scenico per gli spettacoli.

Mentre le due ragazze si dedicavano alle loro cure personali, giungeva il suono della Tv accesa in salotto e con essa l'eco del rimbrotto silenzioso dei padroni di casa, una coppia di mezz'età maniaca dell'ordine, i cui due figli maschi erano andati a studiare chissà dove o a lavorare chissà dove. Di certo erano scappati di lì, magari per farsi una doccia in santa pace e buttare la camicia e i pantaloni dove capitava, e per esempio spalancare le finestre e fare entrare un po' di aria pulita, perché lì dentro pareva che le finestre fossero cementate, per non fare entrare il freddo e non consumare il gas.

I due ospiti, i signori Manner, compitissimi e formali, vestiti di tutto punto già a colazione, erano innegabilmente tirchi. Lui teneva costantemente d'occhio i contatori della luce e del gas, annotando febbrilmente le cifre giorno per giorno. Lei si lamentava in continuazione del costo di ogni prodotto, pur acquistato nei supermercati, e preparava colazioni falsamente abbondanti con molte scatole di latta, un tripudio di tazzine e posate, ma poi di poca sostanza: un ricciolo di burro a testa, marmellata presentata in piattini, sottilissime fette di pane abbrustolite, e mai un biscotto al cioccolato, un croissant, raramente una torta, quando a casa sua Bianca era abituata ogni giorno a divorare un quarto di quella che mamma aveva sfornato la sera prima.

«Pensavo che le ballerine seguissero una dieta rigorosa», aveva commentato la prima sera la signora Manner nel constatare l'appetito delle due ragazze che, dopo la zuppa molto liquida e due bocconcini di spezzatino a testa, si erano avventate sul pane, a fine pasto.

Bianca si era stretta nelle spalle: «Nessuno ci ha detto niente».

«La dieta c'è», aveva ribattuto Hanna, più sfrontata. «Bisogna mangiare proteine, abbiamo bisogno di energia. Magari domani le portiamo una lista, che dice?»

La signora Manner aveva risposto a denti stretti: «Dovrò consultarmi con i vostri genitori, la retta allora cambia».

Bianca si era sentita avvampare. Non ci mancava che una telefonata di lamentela di quella brutta donna a casa per far piombare mamma lì e portarla subito via, Accademia o non Accademia. Perché tutto poteva sopportare, Barbara, ma non che alle sue figlie mancasse il cibo, sano e abbondante!

«Non si preoccupi», aveva risposto, allora. «Per me va benissimo. A cena sono abituata a mangiare leggero.»

Le era seccato leggere sul viso acido della donna un'espressione di sollievo e di trionfo, inoltre si era subito inimicata la compagna di stanza, che non aveva spalleggiato.

«Dunque vuoi morire di fame?», l'aveva subito apostrofata, più tardi.

«No, ma non voglio che i miei vengano qui e facciano casino», aveva ribattuto, a muso duro.

«Invece io denuncerò a mamma che qui ci tengono a stecchetto. Con quello che paghiamo!»

«Perché? Tu lo sai?», si era sorpresa Bianca, ma l'altra era apparsa più sorpresa ancora di lei:

«Certo. Tu no? Non vuoi sapere?».

«Più o meno...», aveva balbettato lei. Sì, il costo dell'iscrizione, poi la spesa per l'abbigliamento, le calzamaglie, il body, la tuta con il logo, gli scaldamuscoli, la borsa, tutta roba cara, ma non avrebbe saputo dire l'ammontare, pagava mamma con la sua carta di credito. Quanto all'affitto di quella stanza, non ne aveva idea. Di sicuro era più di quanto spendevano le ragazze ospitate nel convitto, dov'era accolto un numero limitato di allieve che provenivano da lontanissimo e non si erano potute permettere neppure la tuta o la calzamaglia, messe a disposizione dall'Accademia.

Invece, Hanna aveva tutti i conti sotto mano, perché si trattava di soldi anche suoi, diceva. I genitori erano divorziati, e papà pagava un assegno mensile apposta per il suo mantenimento. Così, le aveva squadernato le cifre, centinaia di euro per l'affitto, spese a parte: ecco perché il signor Manner teneva l'occhio incollato ai contatori. La colazione e la cena invece erano incluse, forse perché, ospitando delle ballerine, quei due avvoltoi erano convinti di risparmiare sul cibo.

Bianca era amareggiata per la sua noncuranza. Non sapeva mai niente, lei. Davvero continuava a comportarsi come una bambina. Così, qualche sera dopo, al telefono, aveva chiesto a papà quanto pagassero per l'affitto della stanza.

«Perché vuoi saperlo? I signori Manner si sono lamentati?», si era preoccupato e un po' irritato suo padre. Allora si era stizzita pure lei:

«No, ma potrò saperlo o è un segreto? La mia compagna di stanza lo sa».

Papà aveva esitato, poi aveva ribattuto in tono brusco: «Non è un segreto. Ma non capisco perché me lo chiedi, e in questo modo, poi. C'è qualche problema?»

«Insomma, papà: quanto?»

Tanto. Le era sembrato davvero tantissimo. Quanto un viaggio a Londra albergo di lusso compreso, quanto un portatile, quanto un paio di orecchini con le perle, quanto un set di posate d'argento... Ogni volta che Bianca vedeva una pubblicità o il cartellino del prezzo in una gioielleria, lo confrontava alla sua retta, che mese dopo mese toglieva le posate d'argento o gli orecchini che sarebbero molto piaciuti a mamma, e magari un computer o un fine settimana a sciare per tutta la famiglia. E allora doveva resistere con quella coppia odiosa, in quell'appartamento tetro, con le lampade a basso consumo sempre spente nel grande e inutilizzato salone, con l'odore di brodo di gallina che si spandeva per la casa quasi ogni sera, e l'odore di acetone in camera.

Non doveva pensare a casa, ai soldi, agli orecchini mancati. I suoi non erano poveri, e non parlavano mai di quattrini come invece facevano i Manner, ai quali non mancavano le perle né le posate d'argento. Che non fossero poveri e non badassero alle spese, i suoi lo dimostrarono quando papà decise di trasferirsi con lei in città. Perché, alla fine, Bianca aveva resistito, non aveva mollato. Ma papà e mamma, invece, avevano ceduto.

Dopo un mese di telefonate strazianti, e dopo il Natale in famiglia che mai le era sembrato così pieno di calore, mamma aveva preso la storica decisione:

«Andrò con Bianca, mi troverò un piccolo appartamento, lavorerò da lì, esiste il telelavoro, insomma!».

Però c'era Micol, la piccola che mai avrebbe resistito senza la mamma. E c'era la dottoressa Otis che mai avrebbe resistito senza Barbara, e che di telelavoro non voleva sentir parlare: «Un'assurdità che non ha mai funzionato nemmeno in America». E con questo, il discorso era chiuso. Per seguire Bianca, mamma avrebbe dovuto licenziarsi, ma il suo ero l'unico stipendio fisso, da lavoro dipendente, che entrava in casa. Invece papà...

«Potrei andare io. In fondo, sono un libero professionista», aveva proposto.

«Ma figurati», aveva ribattuto mamma.

Invece, le cose erano andate proprio così. Papà aveva chiuso il suo studio di grafico, aveva impacchettato un po' di cose, aveva cercato un piccolo appartamento tramite un'agenzia, aveva fatto la valigia, anzi un borsone, ed era partito con Bianca. Aveva fatto tutto in una settimana e, forse per la velocità dell'azione, mamma era rimasta stordita e senza parole.

Così, eccoli prendere possesso del bilocale arredato, che papà continua a osservare con occhio critico. Per Bianca, è quasi una reggia, e come una reggia costa: ha seguito le trattative, ha sbirciato l'ammontare che papà ha versato per i tre mesi di caparra, una cifra da capogiro! Ma anche stavolta nessuno si è lamentato di tutti questi soldi che se ne vanno per far contenta lei. Né papà appare preoccupato di quel che succederà, se troverà lavoro o no, in una città che non conosce, dov'è arrivato come uno straniero. Invece, dopo aver ispezionato l'appartamento e aver decretato che non manca nulla, tranne un paio di lampade come si deve, s'illumina ed esclama:

«Ce la caveremo benissimo».

Bianca annuisce. In effetti, per la prima volta, papà se la sta già cavando benissimo senza mamma.

2.
Due in casa

Il cambiamento di vita con il nuovo appartamento e con papà che pensa a tutto non tarda a imprimere un'impennata all'umore di Bianca, che torna a veleggiare, e con l'umore cresce la sua prestazione in Accademia. Capita che la maestra Bobulova soffermi il suo occhio gelido su di lei per qualche istante, come la soppesasse, per poi tornare a farlo vagare intorno alla classe, annuendo con la testa per tenere il tempo, o alzando la voce metallica come un burattinaio implacabile che tiene le fila invisibili sui corpi dei danzatori: «Tempo, tempo!».

La Bobulova appare sempre poco soddisfatta, accigliata. Il tempo, sua ossessione, le ha sferzato il viso con una ruga verticale che le attraversa la fronte e affonda nei capelli corvini, tirati indietro e stretti sulla nuca in uno chignon piccolo come una noce. Bianca ha l'impressione che sia fatta di due metà cucite insieme e annodate in quella pallina dietro la testa. Se il nodo si sciogliesse, la Bobulova si spezzerebbe in due profili identici e rivelerebbe la sua vera natura di automa! Ma questa buffa immagine è subito accantonata, perché Bianca ha un'ammirazione sconfinata per la sua maestra che pure, come tutte le altre ragazze, dichiara di odiare. Sì, è odioso il suo atteggiamento scostante e freddo, che preferisce sempre e soltanto rimproverare e mai incoraggiare, figurarsi apprezzare. Una bella, anzi bruttissima differenza con Laura, che correggeva i movimenti con continue piccole gratificazioni, addirittura complimenti, partendo da ciò che le allieve sapevano fare o riuscivano a migliorare! Qui il parametro è la perfezione assoluta, non si parte dal basso per procedere pian piano verso l'alto. Si parte dall'alto, si impara subito a volare gettati giù dal nido del falco Bobulova: chi ha capito, spiega le ali e volteggia. Chi non ha capito, si sfracella al suolo. È una legge che Bianca ha sentito in aula, a scuola: la legge della selezione naturale, la legge darwiniana, la spietata regola della sopravvivenza che si applica anche in una classe di danza.

Tempo, tempo. La maestra, impettita, muove lunghi passi per l'aula avanti e indietro, battendo silenziosamente un palmo contro l'altro, come se schiacciasse una palla d'aria. Indossa scarpe con il tacco basso e un cinturino sul collo del piede, scarpe che non si vedono nelle vetrine dei negozi, né ai piedi delle donne, scarpe di pelle morbida, nere, che non ticchettano sul parquet lucidissimo. Ma la Bobulova non sembra camminare sul pavimento, casomai su un cuscinetto d'aria come un aliscafo, con le punte dei piedi in fuori e le spalle aperte, e dà l'impressione che sia il torso a veleggiare e trasportarla avanti e indietro. Quanto allo sguardo, ha la capacità dei rapaci di vedere a lunghissima distanza piccoli dettagli: l'alluce, le dita delle mani, il gomito, il naso, la clavicola.

«Non vi vedo sudare», commenta lapidaria al termine della sequenza dettata dalla sua assistente. Come se, seduta su un trespolo in fondo all'aula, potesse individuare le gocce di sudore sulle fronti, sulle braccia. «Non vi siete impegnate abbastanza.»

«La odio», bisbiglia Petra, dietro Bianca. La Bobulova solleva il mento e saetta gli occhi verso di lei.

«Tu. Hai detto qualcosa?»

Bianca sente lo sguardo della maestra trapassarla per arrivare a Petra: le sembra di essere diventata trasparente!

«No, signora Bobulova.»

«Se hai ancora fiato per parlare, significa che non hai lavorato abbastanza. Tutto da capo, e voglio vedervi la-vo-ra-re.»

Insieme al tempo, questa è la seconda ossessione della maestra: il lavoro.

«Non è possibile che tutto si fermi per due giorni! Domenica e anche sabato, due interi giorni di vacanza.» Protesta quasi ogni fine settimana, mai rassegnata alle regole dell'Accademia e dell'intero Paese. «Voi non lavorate sul serio.»

Nessuno osa ribattere, neppure i custodi. Qualche ragazza annuisce convinta e sarebbe persino disposta a venire a lezione, ma l'Accademia chiude i battenti.

«Insomma, possibile che non capite? Come potete avere risultati, se non lavorate davvero?»

È quello che anche Art si domanda, mentre spulcia gli annunci su internet, telefona, si collega su Skype per i primi colloqui, chiede appuntamenti. Lo sapeva che sarebbe stato difficile, ma non immaginava lo fosse così tanto. Eppure, pensava che in una metropoli ci fossero opportunità maggiori per un grafico con la sua esperienza.

Ogni mattina, si sveglia alle sette insieme a Bianca e, mentre lei passa una buona mezz'ora in bagno, lui prepara la colazione e la merenda per la scuola, poi, quando lei alle otto meno un quarto esce, lui si veste con calma ed esce a sua volta. In casa rischierebbe di passare il tempo ascoltando la radio, leggendo un libro o il giornale on-line, passando da un sito all'altro, insomma sprecando tempo. Così ha preso a dirigersi in biblioteca, dove si collega a internet, ma con ricerche mirate, scrive e-mail e butta giù progetti per piccole pubblicazioni, dépliant, pubblicità, album, da inviare alle diverse agenzie.

All'una è già a casa, con i sacchetti della spesa se c'è da fare la spesa, e prepara il pranzo per sua figlia che rientra affamata e ha poco tempo a disposizione tra l'uscita di scuola e le lezioni all'Accademia. All'una e mezza, la chiave gira nella toppa, e Bianca lascia cadere a terra lo zaino della scuola, corre in bagno e poi si siede a tavola, dove spolvera il piatto, mentre Art chiede:

«Com'è andata?», sapendo già la risposta, perché ogni giorno è la stessa: doppio "bene". Dunque è tranquillo, sente la figlia canticchiare mentre si cambia per andare a lezione di danza, e nel caricare la lavapiatti scaccia la delusione mattutina, l'ennesima mail tornata indietro con la formula cortese che respinge la sua richiesta di collaborazione, il colloquio su Skype durato meno di un minuto, il preventivo di un progetto considerato troppo alto e dunque bocciato.

Però è sereno, sorseggia il caffè mentre Bianca lo saluta,

con il suo bel visetto pulito dove gli occhioni dorati sono messi in risalto dall'acconciatura a chignon. Tutte le ragazze dovrebbero portare lo chignon, pensa Art, valorizza i lineamenti, l'espressione, enfatizza la gioia come quella evidente di Bianca, ora che va tutto bene.

Così, seraficamente ignaro, si presenta ai nuovi professori, il giorno del ricevimento collettivo. Ci va con l'idea di un cortese scambio d'informazioni, soprattutto per farsi vedere e conoscere gli insegnanti. E qui riceve un'autentica doccia fredda.

«Bianca è svogliata, è sempre distratta e, ancor più grave, è spesso impreparata», gli comunica l'insegnante di lettere, accigliatissima.

Art balbetta: «Non studia? Eppure, mi dice... sembrerebbe che la sera...».

La donna scuote la testa, e forse l'espressione disorientata e mesta dell'uomo deve muoverla a compassione, perché addolcisce un poco il tono: «Mi spiace, ma i suoi voti sono molto brutti. Non studia. Non ci mette nessun impegno.»

Art avrebbe voglia di portarsi le mani tra i capelli, ma si controlla e le infila nelle tasche del giaccone. Di colpo le sente gelide. L'insegnante gli squaderna il registro davanti agli occhi, e lui allunga la testa, dalla tasca estrae gli occhiali da lettura e li sistema sul naso, con gesti impacciati. Segue l'indice puntato dell'insegnante nella fila di quattro e persino tre, anche in storia! Poi si ritrae, sfilandosi gli occhiali e boccheggiando come se fosse stato in apnea.

«Non capisco», esala. «Mi dice che studia. Sono mortificato.»

L'insegnante gli concede uno sguardo comprensivo, ma poi si raggela di nuovo: «Deduco che Bianca non le dice la verità».

«No, forse è colpa mia. Non ho approfondito, dovevo verificare», ribatte Art, riprendendo il controllo delle sue reazioni.

«La esorto a farlo, perché è una ragazza sveglia, e ha bisogno di controllo.»

Art tenta una disperata difesa d'ufficio: «Le garantisco che prima... Forse è l'Accademia che la impegna molto...».

«Certo, capisco e non pretendo il massimo. Ma almeno un poco di impegno, per non essere respinti, capisce, e poi per la ragazza, per la sua formazione...»

«Certo, sono d'accordo.»

Cos'altro dovrebbe dire, Art? Rientra a casa abbattuto. Per strada ha riflettuto su questo mese che gli è volato tra le dita, con sua figlia allegra, cinguettante per casa, brillante e simpatica, che gli racconta dell'Accademia, delle nuove amiche, della maestra severissima e rigida, che forse è un robot, si muove a scatti, ha la voce metallica. Bianca la imita, entrambi ridono a crepapelle. Poi c'è la scuola, che si merita sempre il commento mellifluo del doppio "bene", e che invece si rivela essere un disastro completo per l'ingenuo che Art è stato e si è mostrato agli occhi degli insegnanti: non bastasse la professoressa di lettere, hanno rincarato la dose il professore di matematica e quella di arte. Insomma, Bianca non sa nemmeno disegnare! Ma da chi avrà preso, allora? Art si abbandona ai luoghi comuni: da chi ha preso questa vocazione alla danza? Nessuno in casa ha mai saputo né voluto ballare, neppure i nonni, che non sono tipi da balera. E dopo tutta l'educazione espressiva a disegnare, ecco un bel quattro in disegno, alla scuola media! Ma ancor peggio è la costante negazione del suo andamento scolastico: mai parlato di un brutto voto, di una figuraccia, di essere impreparata, di non sapere niente, di non aver quasi aperto libro, di essere tra le ultime della classe!

Così, il quadretto della figlia si è incrinato. E anche il quadretto a due, della complicità tra papà e figlia, della franchezza e della fiducia, appare assai rovinato dalla lavata di capo che si è preso oggi. Non osa pensare che accada altrettanto all'Accademia, dove, a sentire Bianca, va tutto, anche lì, "bene-bene".

Una volta girata la chiave ed entrato in casa, lo sconforto si tramuta in stizza, quando vede il bagno gettato nel caos. Già, la camera ci pensa lui a riordinarla in fretta la mattina, ma in bagno sembra sempre che passi un uragano ogni volta che vi entra sua figlia: asciugamani per terra, la spazzola nel lavandino, pinze per capelli dappertutto, la carta igienica srotolata fino al pavimento... Per non parlare della faccenda che Art odia di più, ovvero i flaconi di ogni genere di detergente lasciati rigorosamente aperti, mentre i tappi scompaiono, come fossero risucchiati da oscure forze magnetiche.

Basta, stasera mi sente, sbotta. Sono stato troppo accondiscendente, senza la mediazione di Barbara ho esagerato nel lasciar perdere, mi sono fatto prendere per il naso. Così continua a rimuginare, e con un gesto stizzoso preme il tasto del telecomando, per distrarsi con il notiziario.

Che tiri un'aria gelida in casa, Bianca lo avverte appena varca la soglia dell'appartamento. Non c'è la solita musichetta dalla radio, papà sta seguendo invece le notizie in televisione, seduto al tavolinetto di cucina.

Se c'è una cosa che ha imparato al volo nelle lezioni di danza è l'espressività, soprattutto del viso. I ballerini devono anche saper recitare, e in Accademia si esercitano tra di loro con grandi sorrisi che devono apparire aperti e luminosi, anche verso le smorfiose che primeggiano in aula e che atteggiano la faccia a modeste o preoccupate per un muscolo stirato che «non mi permetterà di fare il *grand jeté*, vedrai», e poi lo eseguono benissimo.

Insomma, è arrivato il momento di esibirsi anche con papà. Bianca sfodera un sorriso disarmante e sincero. «Ciao, come va?»

«Bene. Bene», ribatte lui, cupo.

Bianca lo fissa interrogativa, ma continua a sorridere. Papà l'ha palesemente imitata. Che vorrà dire?

«Ti ricordi dove sono andato io oggi?», domanda lui, sempre in tono gelido.

«No. Dove?»

«A scuola, alla tua scuola...», spiega, e Bianca si porta una mano alla fronte, in un gesto esagerato: «Ah, già, è vero!», poi si lascia cadere su una sedia, come tramortita.

«Quindi sai com'è andata» conclude papà e tace, rannuvolato.

Tocca a Bianca parlare, ma che potrebbe dire? Sì, è vero, doveva immaginarsi che quelle pettegole di prof avrebbero spiattellato tutto a papà e che lui si sarebbe arrabbiato. Ma ha preferito non pensarci. A che serviva avvertirlo? Soltanto ad anticipare quella scena e, allora, tanto valeva aspettare.

Magari papà non l'avrebbe presa tanto male... Invece, a giudicare dalla faccia, l'ha presa nel modo peggiore.

Oltretutto, non ha nemmeno preparato la cena. Non c'è nessun profumino in casa, né il forno acceso, né tracce di spesa. Bianca resta zitta, a orecchie basse. Tanto, papà riattaccherà a parlare.

«Sai qual è la cosa che più mi dispiace?», irrompe infatti, nel silenzio di piombo. «Che tu dica le bugie. Tutto bene, sempre bene e poi scopro che non hai neanche una sufficienza, che sei distratta e non studi niente. Insomma, mi prendi sonoramente in giro.»

«No, papà!» Bianca solleva subito il visetto che nei pochi istanti di silenzio si è affilato, e atteggiato a dolore. «Non ti prendo in giro, soltanto che... non sapevo come dirtelo.»

«Magari potevi provarci, invece di ripetere bene, sempre bene.»

Niente da fare: papà è furioso. Certo, a modo suo. Non urla, non minaccia, non si agita per le stanze, non rotea gli occhi né solleva pugni, anzi. Resta immobile, la voce bassa e gelida, la fronte aggrottata. Esprime delusione, più che rabbia. Quasi quasi Bianca preferirebbe che strillasse come un'aquila, invece che farla sentire così sciocca e colpevole. Così, d'istinto, si stringe nelle spalle.

«Lo so, ma tanto studiare in quella scuola assurda non serve a niente!», sbotta, più arrabbiata lei di papà.

«Ah, davvero?»

Il nervosismo di Bianca sale. «Davvero sì, papà. Io studio tutto il pomeriggio danza, e quello è lo studio che mi serve, il resto è soltanto un obbligo.»

«Ma guarda», osserva papà, serrando le braccia al petto. «Si chiama proprio così: scuola dell'obbligo. In più, ti chiedo: credi che tutti facciamo solo quello che ci piace?»

Bianca si morde le labbra, per non rispondere: «Sarebbe meglio, sì, che tutti seguissero il loro desiderio, il loro piacere». Non può dirlo a papà, che è il ritratto vivente di chi ha sacrificato un po' di sé per quel che piace a lei. Però, magari a papà piace prendersi cura di lei, e fare la vita che faceva da studente. Dunque, Bianca si trova ad annuire e ribattere, dura:

«È per questo che tanta gente sta male e invidia gli altri, perché non fa quel che vorrebbe fare. Me lo hai sempre detto tu, ti ricordi?».

«Adesso non ribaltare la frittata!», sbotta papà. È una frase che Bianca ha sentito centinaia di volte. Certo che anche a papà manca la fantasia, se ricorre alle solite frasi strausate. Deve essere proprio arrabbiato, perciò Bianca non osa ribattere, invece ascolta la ramanzina, atteggiandosi a pentita. Papà sta sciorinando tutto il repertorio di "dovere" e "rigore" che accompagnano, anzi valorizzano il proprio percorso, permettono di esaltare le qualità personali, anche nella danza, dove sembra basti allenare il corpo, i muscoli e curare i movimenti, ma dove è tutto giocato sulla mente e sulla sua capacità di conoscere e approfondire. Ora papà è arrivato a citare persino la mitologia! Bianca si riscuote mentre lui ricorda che per fare l'arte bisogna nutrirsi di arte…

«Sì, ho capito», cerca di concludere in fretta, ormai snervata da una fame che le chiude la testa e le fa gorgogliare lo stomaco.

«Lo spero proprio. E quanto al comportamento in casa... Insomma, un po' di ordine, un po' di attenzione. Credi che io sia il tuo maggiordomo?»

Bianca si acciglia: «Ma che dici, papà? Di cosa parli?».

«Il disordine, lasci in giro tutto, e poi chi ci pensa?»

Bianca si stringe nelle spalle, ma questo gesto fa davvero arrabbiare papà, che sfodera il dito indice verso di lei: «Bianca, non tollero questo atteggiamento. Te lo dico subito, guarda: se insisti in questo modo, si torna a casa».

Bianca sobbalza sulla sedia, sgrana gli occhi: «Non è vero!».

«Mi spiace, ma penso che tu debba renderti conto dei tuoi doveri», sentenzia lui, con le braccia conserte sul petto.

La furia la investe e sbotta: «Non è per questo! È perché non trovi lavoro!».

Papà scuote la testa, sul viso si disegna un'espressione che, più che disapprovazione, sembra esprimere un grande dispiacere. Come quando si annuncia una disgrazia, insomma. «Ti sbagli. L'ho trovato.»

Bianca s'illumina: «Davvero?», poi, in piedi com'è, fa un balzo in aria e salta al collo di suo padre, come un gatto. «Bravo papà! Bravo! Sono felicissima per te!»

Art resta per qualche secondo impietrito, poi si scioglie e l'abbraccia: «Grazie, tesoro. Anch'io sono contento. Infatti, vedi, volevo festeggiare, andare a cena fuori...».

«Ecco perché non c'è niente di pronto», esclama lei, ancora abbarbicata al suo collo. «Però c'è stata la faccenda della scuola...», commenta poi, sciogliendosi dall'abbraccio con aria afflitta. «Scusami, ti ho rovinato la festa.»

Art non se la sente di insistere oltre con i rimproveri. Bianca ha capito di sicuro, lo dimostra il suo cambio d'umore, e poi l'ammissione di aver rovinato una serata. Così, allenta la tensione e si limita a dirle: «Un po'. Comunque andiamo, ho prenotato, e non mi va di fare brutte figure».

Bianca si rianima, riaccende il sorriso e corre a prendere il giubbotto. «Che lavoro è, papà?», chiede, prima di uscire.

«Prova a indovinare.»

«L'architetto! Come voleva il nonno!», esclama lei, che chissà perché è stata fulminata dal pensiero dell'inesausto rimbrotto dei nonni su Art che, invece di buttarsi nell'agone di una carriera prestigiosa, ha ripiegato su un mestiere per loro poco comprensibile e di scarsa immagine come il grafico.

Art ride: «Ma che dici? Ci mancherebbe altro, a quest'età».

Questa è un'altra delle frasi preferite di Art: "a quest'età", come se avesse cent'anni. Bianca insiste: «Allora?». Lui mette su un'espressione sorniona e annuncia:

«Non credo ti farà tanto piacere. Terrò dei corsi di grafica in una scuola professionale. In pratica farò l'insegnante.»

«Ma tu non sai insegnare!», protesta lei. È rimasta talmente sorpresa che la mano è incollata sulla maniglia della porta, senza la forza per aprire.

«Lo dici tu. Ho insegnato per qualche anno, prima che tu nascessi», la informa lui, e con la testa accenna all'uscio di casa: «La porta, please».

«Non so mai niente di voi due, io», borbotta Bianca, abbassando la maniglia con furia. Le sembra di aver ricevuto una pugnalata alle spalle. D'ora in poi un prof se lo troverà pure in casa.

3.
Colazione per tre

Fuori è tutto bianco, dentro bianco. La città sembra essersi conformata al modello delle aule di danza: bianche pareti e parquet chiaro, specchi e sbarre color avorio, luce diffusa. La neve caduta nella notte ha passato una pesante mano di bianco sullo scenario cittadino, dove si riverberano i grattacieli translucidi, simili a specchi giganteschi, e il cielo appare come un soffitto candido dalla luminosità opalescente.

Le ballerine non stanno nella pelle: come si può entrare a scuola in una mattinata come questa, trasformata nel perfetto scenario del *Lago dei cigni*? Indugiano perciò ben oltre la campanella fuori dal cortile, rincorrendosi e lanciando palle di neve. Una piccola banda di ragazze capeggiata da Bianca e altre due sciamannate istiga gli altri compagni a rimanere fuori nella neve, a godersi il candore finché è tale. Presto si tingerà di sporco cittadino, di grigio cenere e fango, e sarà spazzata, ammucchiata, sciolta dalle macchine spargisale e dalle ruspe. Bisogna approfittarne!, gridano le ragazze, ma la gran parte degli studenti, docili e incolonnati come pecore, entrano nell'edificio, rinunciando alla bellezza e al piacere. Bianca invece affonda nello strato scricchiolante, ululando.

Ma quale cigno? Lei è un lupo del grande Nord, lei è Zanna Bianca, pesta con forza gli stivali imbottiti, come se avesse poderose zampe, e in quattro salti è addosso a Tanya, l'afferra di spalle, la butta a terra. Rotolano nella neve, strillando, infarinate di ghiaccio, le facce rosse bagnate, le mani avvinghiate. Ma quali cigni, davvero? Sono cuccioli di orsi, di donnole, lupi. Sono ragazze selvagge, indomabili, che mordono la neve con denti affilati come lame, e non sentono freddo, non si curano del gelo. Saltano in piedi sul manto candido, tenendosi per mano, in cerchio, urlando verso il cielo. Non c'è minaccia di punizione che tenga, nessuno le spaventa, né il custode che dal portone avverte che chiamerà addirittura la polizia, né la preside che di sicuro le sospenderà, ma domani, nel futuro. Intanto c'è questa danza di lupe sulla neve, a cielo aperto, nel turbinio di fiocchi formato da loro stesse che, piroettando, gettano manciate di neve in aria. I fiati formano vapori intorno alle loro teste chinate all'indietro, il mento sollevato a sbuffare in aria, così sembrano un unico alito rovente sprigionato dalla terra, come un geyser colorato e multiforme. La musica è composta dal crocchiare dei piedi sulla neve calpestata a forza, è il loro intercalare di strilla e incitamenti ritmici: iuuu-uau-uau-u! Il tempo è deciso dai loro passi selvaggi: non uno-due, né un-due-tre-quattro, ma un ritmo sbilenco, senza cadenza, libero da ordini e da rigore, il tempo lungo racchiuso dentro la boccia bianca della croma, la nota della felicità.

Poi, la croma finisce. Il ritmo riprende a battere sostenuto, andante con brio e velocissimo nell'aula della Bobulova.

Lì è sempre candore di neve, come nel regno della Regina dei Ghiacci. Ma, a differenza di quel luogo magico, nell'aula si suda, il corpo si arroventa, i capelli s'incollano alle tempie, le mani si bagnano, bisogna passarvi il borotalco per fare presa sulla sbarra. Quanto ai piedi, bruciano con lingue di fuoco che arrivano ai polpacci. Fanno male, anche incerottati con cura dito per dito, anche fasciati fino alla caviglia, anche protetti fino al dorso con gli scaldamuscoli. I piedi sembrano pulsare, le dita gemere come una nidiata di uccellini. A Bianca fanno malissimo, ma non vuole darlo a vedere. Non vede l'ora che si passi agli esercizi di allungamento, e appena può si mette in disparte per stirare le dita.

«Qualche problema, Bianca?», domanda con gelida sollecitudine l'assistente della Bobulova. Come la maestra, è russa, ma a differenza della prima, che tutti chiamano per cognome oppure "signorina", lei ha soltanto il nome, Heléna.

«Un po' il piede sinistro, appena», mormora Bianca.

«Avrei detto il destro, ti ho visto tremare da quella parte», ribatte lei, con gli occhi di vetro che scrutano il piede di Bianca e poi si piantano sulla sua faccia. In Russia, le ballerine devono uscire tutte da una fabbrica di ghiacci che gela il sangue e i sentimenti. Primo tra tutti la compassione.

«Un po' tutti e due», ammette Bianca.

«Fa' stretching, salta questa sessione», ordina bruscamente Heléna, che ha già levato lo sguardo sulle altre per intimare: «Su con la testa, Vivienne, e tu, Petra, e avanti, avanti...».

Intanto, cammina lei avanti, spedita verso la Bobulova sul suo trespolo per bisbigliarle qualche parola all'orecchio. La maestra non si muove, le basta scoccare un'occhiata di rimprovero verso Bianca per farla sentire colpevole e misera. Si è azzoppata irrimediabilmente? Non ballerà più? O come la povera Sirenetta lo farà a scapito di un mare di dolore?

Bianca sente salirle le lacrime, ma guai piangere, non è certo una bambina, e la Bobulova le lacrime proprio non le perdona. Qualche tempo fa (una settimana o un mese, Bianca non ricorda perché il tempo lì dentro ha un'altra durata), la maestra ha cacciato dall'aula un'allieva perché si era messa a piangere.

«Ricordatevi che qui si lavora», aveva commentato, tagliente. Poi aveva aggiunto una nota ironica: «Le lacrime riservatele a casa o al cinema, lì si piange molto bene».

Heléna era scoppiata a ridere, una risata esagerata, che aveva contagiato alcune allieve e poi tutta l'aula, che era esplosa in una risata assurda e liberatoria, una valvola di sfogo che aveva reso più leggera l'atmosfera appesantita dall'immagine patetica della ragazza con il viso rigato di lacrime e il petto scosso da muti singhiozzi.

Dovrebbe dunque essere il suo turno, ora? No, mai. Piuttosto mi taglio un piede, pensa Bianca, stirandosi. Almeno smettesse di provocarle queste fitte, come se avesse un chiodo piantato lì dentro.

«Aspetta, ti aiuto, vuoi?», una voce celestiale. Una voce tutta di note flautate. Bianca solleva lo sguardo: potrebbe anche essere un arcangelo sceso dal cielo, invece è semplicemente Tanya, la sua amica. Le solleva e sostiene la gamba, con gesti esperti, le piega un po' il dorso, poi la punta del piede. Si fissano per qualche istante, in muta complicità. "Uau-uau-uau" le ricorda Tanya, muovendo soltanto le labbra e Bianca capisce: una lupa non si fa azzoppare tanto facilmente. Ma la Bobulova? Pensa atterrita. Nella sua prostrazione, non si è neppure accorta che è l'ora della pausa e le ballerine stanno sciamando verso il corridoio, mentre Tanya le stira i muscoli.

«Non è niente, succede», le sta dicendo. «Quando facevo pattinaggio ero piena di crampi.»

«Facevi pattinaggio? E quando?», domanda Bianca, mentre in effetti il piede smette di pungere.

«Ho iniziato da piccola, ho anche vinto un paio di gare, da bambina», spiega lei, mentre maneggia come una fisioterapista la caviglia di Bianca.

«E perché non hai continuato?»

Tanya si volta per scoccarle un'occhiata, come a dire: che domanda è? Poi risponde con ovvietà: «Non volevo diventare una sportiva».

Però lo sport aiuta, pensa Bianca, notandole per la prima volta i muscoli definiti delle cosce, dei polpacci e misurandole la forza delle braccia. Ne ha di strada da fare, lei, per rafforzare il suo corpo che è sì leggero e flessibile, ma è come spolpato. E senza muscoli e senza tendini non si salta, non si vola.

Sono sedute una di fronte all'altra, con le ginocchia aperte, i piedi uniti e stretti tra le mani. «Da dove vieni?», le chiede Tanya.

«E tu?», domanda lei. Si accorge che queste domande non le ha fatte a nessuna, che in realtà non ha chiesto niente a nessuna ragazza né loro si sono curate di fare domande a lei. Lì dentro si parla di passi, di movimenti, stiramenti, crampi, si fa parlare il corpo, le sue possibilità e i suoi limiti, i suoi sintomi, le sue esigenze. Cosa si mangia, cosa si è mangiato ieri sera. Lo shampoo per capelli secchi, il balsamo per renderli lisci e lucidi, la crema detergente, la crema contro i brufoli, il lucidalabbra, lo smalto trasparente. La calzamaglia, il coprispalle, i guanti senza dita, lo scialle di cachemire comperato al mercatino, un'occasione d'oro. Niente musica, a loro basta già quella dello studio, dei pezzi al pianoforte, delle coreografie da studiare. Non sanno niente di gruppi, cantanti pop che le compagne di scuola attaccano sul diario come immagini di santi, di musiche dal ritmo sincopato che i compagni di scuola ascoltano in cuffia durante la ricreazione. Sanno pochissimo di film e attori della televisione che riempiono i discorsi degli altri studenti, a scuola. Loro, le ballerine, fanno gruppo a sé nella classe, stanno tra di loro e parlano di danza e di altre ballerine, le preferite della maestra o le bravissime degli ultimi anni, di ballerini sbirciati durante le pause, quelli che fanno lezione al piano di sopra, e s'incontrano fuggevolmente sul portone, o in cortile o in corridoio, ma basta uno scambio di occhiate per farle sognare.

Da dove si proviene, chi si era prima di arrivare lì, non interessa a nessuno. Neanche sapere perché si sta nel convitto oppure no. Tanya, per esempio, abita lì dentro, pranza alla mensa, perché il posto da dove proviene è lontanissimo, sperduto, un paese sulle montagne che Bianca, nel suo disorientamento geografico, non saprebbe neppure ben collocare su una mappa.

«Così non vedi mai la tua famiglia?», le domanda, sbigottita.

L'altra si stringe nelle spalle: «Una volta al mese, a volte anche meno. È un viaggio lungo, e poi i miei devono prendere una stanza, diventa molto caro...».

«Potremmo ospitarli noi!», si offre generosamente Bianca. «Io vivo con mio papà, in un piccolo appartamento...»

Tanya ringrazia, ma sul viso le si disegna un'espressione che a Bianca sembra ferita. Così, cerca di rimediare: «Perché non vieni da me a cena, stasera? Ti danno il permesso?»

«Penso di sì, se dico dove vado e con chi, se c'è un genitore che garantisce...»

«Lo chiediamo insieme. Ti prego, vieni!», la supplica Bianca. Le sembra un secolo che non ha un'amica con sé, in camera sua, a chiacchierare, ridere, raccontarsi segreti, come faceva con Iris. Non le è mai mancata Iris, negli ultimi tempi, ora di colpo sente la sua mancanza come un vuoto che si può colmare con Tanya, ma subito!

«Tuo papà non lo sa...», si preoccupa l'altra.

«Gli mando un messaggino, sarà felicissimo, garantito. Abbiamo sempre ospiti a casa nostra, nonna dice che è un porto di mare...» Si rende conto che sta sciorinando i segreti della famiglia, che nessuno mai rivela, lì dentro. Tanya però s'illumina:

«Anche a casa mia c'è sempre tanta gente, siamo una grande famiglia».

Art è emozionato come a un appuntamento di lavoro. Bianca arriva tra poco con una compagna, per cena, e lui vuole fare bella figura. Sta preparando gnocchi alla romana, il suo piatto forte, poi verdura bollita e pesce impanato. Ha cercato di disporre al meglio la tavola, utilizzando le poche stoviglie in dotazione all'appartamento e ripromettendosi di comprare qualche altro piatto l'indomani. Casomai arrivasse un altro ospite, una ballerina o un collega della scuola di grafica. È un'accademia privata, dove si tengono corsi di fumetto, grafica pubblicitaria, design e web design, una di quelle scuole dove si fa fatica a distinguere gli insegnanti dagli studenti, perché sono tutti giovani e vestiti allo stesso modo, tranne il direttore e Art, gli unici con i capelli bianchi. Art ricordava un po' come un incubo gli anni dell'insegnamento in un liceo periferico, dove i ragazzi erano turbolenti, distratti, e bisognava catturarne l'attenzione, peraltro discontinua, con trucchi comunicativi, storielle, proiezioni di slide e un dispendio abbondante di energia per stimolarli a lavorare insieme, a disegnare, progettare e costruire modellini. Alla fine, i ragazzi erano sempre contenti e lui stremato. Ma in questa accademia i ragazzi sono grandi, ventenni, qualcuno anche trentenne, perciò mansueti: prendono appunti, ascoltano, si mettono di buona lena a svolgere esercizi. Per lo più bisogna lavorare a progetti grafici, e ad Art sembra di essere tornato nel suo ufficio, dove però ha realizzato il sogno di avere allievi e collaboratori, anziché lavorare da solo.

I colleghi sono un gruppo di ragazze e ragazzi con cui scambia raramente due parole, riesce ad avere un po' di relazione soltanto con il direttore, che lo ha assunto per i pochi mesi di durata del laboratorio. «Qui vengono ragazzi diplomati che ancora non hanno trovato lavoro e fanno qualche corso per avere un po' di formazione in più: le iscrizioni maggiori sono per l'area web, ma quest'anno ci hanno chiesto anche corsi di grafica editoriale… Sa, si va un po' a mode», ha detto, laconico. Lo stipendio non è granché, ma almeno gli permette di affrontare con meno fatica le spese.

Insomma, può dirsi soddisfatto. Le giornate hanno cambiato colore, luminosità, hanno preso a girare nel senso giusto. Anche Bianca è tornata socievole, porta a cena l'amica, si sente completamente a suo agio e ha ripreso anche a studiare, almeno un poco. Forse perché sa che lui vigila e che ogni tanto controlla i compiti. Via, se la stanno cavando egregiamente, come ha detto a sua moglie al telefono, proprio poco prima.

«Ma io vi manco?», ha chiesto lei, preoccupata.

«Stai scherzando? Quelle di cui ti parlo sono tecniche di sopravvivenza», ha scherzato lui. «Mi manchi tu e mi manca Micol, domani ci colleghiamo su Skype, mi raccomando. Ora devo fare lo chef.»

«E a Bianca, a lei manca un po' la mamma?», ha insistito Barbara, con la voce che già tremava.

«Da morire, ma lo sai com'è fatta. Resiste.»

«È fatta come te», ribatte lei, con un filo di rabbia.

Art sobbalza, sentendo la chiave girare nella toppa, si strappa via il grembiule da cucina, si passa le dita tra i capelli, si toglie gli occhiali da lettura.

«Papà?», chiama Bianca.

Lui si schiarisce la gola un po' stretta. «Sono in cucina.»

«Ciao. Questa è Tanya», annuncia Bianca con un sorriso a piena faccia. Art allunga una mano verso la ragazzina bruna e sottile, che a malapena lo guarda da sotto ciglia lunghissime e scure.

«Cara, com'è timida», pensa Art, in un moto di tenerezza.

La ragazza gli appare come un uccellino fragile, spaventato, giunto finalmente in quel riparo accogliente dal gelo e dal buio, dalla solitudine e dalla nostalgia di una casa lontana.

Ma presto l'uccellino spiega le ali e soprattutto il suo cinguettio. Subito dopo la cena, che onorano spolverando i piatti uno dopo l'altro per la gratificazione di papà, le ragazze si ritirano in camera, non proprio a fare i compiti che pure Bianca dovrebbe finire. Pazienza, stasera si chiude un occhio, pensa Art che rassetta la cucina, come un Cenerentolo che si prende cura delle due allegre principesse. Più tardi le loro risate arrivano fino in soggiorno, dove Art sonnecchia sul divano, in attesa che Tanya torni al convitto.

Bianca lo ridesta: «Papà, scusa. Stavi dormendo?».

Lui si riscuote, sbatte gli occhi, farfuglia: «No, figurati... Un attimo... Ma che ore sono?».

«Le dieci e mezzo, papà. Tanya resta a dormire, tanto andiamo nella stessa scuola, domattina.» Lei invece è euforica. Fra l'altro, ha già indossato il pigiama, segno che si sono già organizzate, di là.

«Come sarebbe? E il convitto?», prova a opporsi lui, flebilmente.

«Avevamo già avvertito oggi che Tanya rimaneva qui anche a dormire. Domani puoi venire all'Accademia a firmare un foglio?»

Art si gratta la testa. Gli sembra di sognare. «Quale foglio?»

Bianca è vispa come in pieno giorno, lei che di solito a quell'ora dorme già della grossa. «Un foglio di responsabilità, mi pare si chiami, dove dichiari che Tanya dorme a casa nostra eccetera eccetera.»

«Eccetera eccetera?», ripete lui, sconcertato. Nel frattempo, nella stanza è comparsa anche Tanya, vestita di tutto punto per la notte: pigiama a pallini, calzettoni, lo spazzolino in mano.

«Posso andare in bagno?», domanda con la sua vocetta timida.

«Certo, vai pure», risponde Bianca.

E io? Starebbe per dire Art, ma si trattiene in tempo. E la mia camera? Il mio letto? Il mio bagno?

«Papà, ti aiuto a preparare il letto qui?», gli domanda Bianca, come leggendogli quelle domande sulla faccia.

«No, no. Ci mancherebbe, faccio da solo. Ho tutto nella cassettiera...», ribatte, brusco.

«Papà, ti dispiace?», insiste lei, fissandolo con il suo sguardo dorato e ammaliante. Art cerca di contenere la sua vaga irritazione. Spodestato in quattro e quattr'otto dal suo letto, dalla sua stanza. Però Bianca è contenta, ha un'amica, ha ripreso la sua socievolezza... Così addolcisce il tono: «Ma no, cara, assolutamente. Sono solo un po'... sorpreso, non me lo aspettavo».

«Te lo avevo detto, però, che Tanya rimaneva.»

Art non ne è sicuro, anzi, con calma andrà a rileggere il messaggio con cui la figlia annunciava la sua ospite per cena. Non si era parlato di dormire, ne è quasi certo. Adesso, però, che senso ha fare polemica?

«Non mi sembra, comunque va bene», borbotta. Poi, prima che Bianca esca dalla stanza, raccomanda in tono più severo: «Spegnete la luce subito, però, non rimanete a chiacchierare fino a tardi».

«Va bene», promette lei.

Ma Art le sente bisbigliare fino a che non si addormenta lui per primo, sfinito, sullo scomodissimo divano. E anche la mattina, sono le voci delle due indefesse chiacchierone a ridestarlo, all'alba. Prima ancora che la sveglia suoni, le ragazze sono già in piedi e cicaleggiano in bagno.

«D'accordo», si dice Art, sollevandosi dal divano con cautela. Si sente a pezzi, come se durante la notte avesse ricevuto un fracco di legnate. Ricorda di essersi rigirato mille volte per cercare una posizione comoda, in tentativi penosi, dal momento che poteva stare soltanto con le gambe ripiegate. Pazienza, via, per una notte!, si consola, riparando in cucina, dove anzitutto si sciacqua il viso e poi prepara la colazione. Infine, quando le due principesse liberano il bagno per sedersi nella tavola imbandita per la colazione, vi si barrica dentro con un lungo sospiro di sollievo.

Quando esce dal bagno, sbarbato e vestito, non ha tempo neanche per un sorso di caffè. È tardi, deve fiondarsi fuori se non vuole arrivare in ritardo a lezione.

«Papà, mi raccomando, passa dall'Accademia per firmare!», le ricorda Bianca, puntigliosa, mentre lui sta per chiudersi la porta alle spalle.

«Ah, sì, certo», risponde, chiedendosi di quale firma parli sua figlia. «Ciao ragazze, a dopo!», saluta poi, rispondendosi che metterà in chiaro tutto in Accademia: la firma, il dovere di avvertire e qualche minima regola di convivenza nel caso in cui si ripeta l'occasione di avere un'ospite. Sia chiaro: ogni tanto.

4.
Cena per quattro

«Ecco, stasera le parlo. Bisogna mettere assolutamente in chiaro che così non va.»

Così rimugina Art dopo una settimana. Tanya è stata ospite da loro quasi tutti i giorni, esattamente quattro, conta tra sé, cupo. Ma è il fine settimana che lo ha particolarmente innervosito. Il sabato e la domenica, se non riescono ad andare a casa o se mamma non li raggiunge con Micol (impresa non sempre attuabile, perché Micol ha i suoi impegni: i compleanni delle amiche, la recita del sabato, il pranzo con i nonni, un brutto raffreddore...), di solito Art e Bianca li passano insieme, in visita a musei o biblioteche e librerie storiche, con puntate nei caffè e ristorantini, magari dentro gli stessi musei. Capita a volte di andare al cinema il sabato, qualche volta sono andati a teatro la domenica pomeriggio, a vedere un po' di prosa oltre che i balletti, per i quali Bianca ha l'entrata gratuita come allieva dell'Accademia. Ma Bianca, durante le rappresentazioni di prosa, non manca mai di addormentarsi, una volta si è messa persino a russare sulla spalla di Art che, anziché seccarsi come i suoi vicini di fila, si è alquanto intenerito. Povera ragazza: la domenica è stremata! Scuola mattina e pomeriggio, senza un po' di tregua, e lui si ostina a farle sorbire anche il teatro!

Questa domenica, però, sua figlia non si era dimostrata mai stanca, né si era mai appisolata sul divano davanti al televisore, come spesso è successo. Anzi. Tutta imbaldanzita, aveva passato la mattinata a prepararsi insieme con l'amica, sempre chiuse in quel bagno ormai inavvicinabile; erano andate a fare un giretto, poi alle due, appena terminato l'ultimo boccone senza mai smettere di cinguettare tra loro, ridacchiando e ammiccando, erano uscite con i capelli al vento, senza cappello né sciarpa, benché Art si fosse raccomandato di coprirsi bene.

Lui era rimasto in casa a rimettere in ordine, come al solito, poi si era consolato un poco con la lettura dei giornali dei tre giorni passati. Non era riuscito neppure ad aprirne uno, travolto da spesa, preparazione di cene e pranzi, un salto (che voleva dire un viaggio in metro da scuola a lì) all'Accademia a firmare i fogli per permettere a Tanya di trascorrere il fine settimana da loro, telefonate a casa di Tanya, a casa propria, a casa dei suoi anziani genitori, collegamento su Skype con Micol per disegnarle una fiaba in diretta (ha preso a disegnarle storie nella mezz'ora in cui si vedono quasi ogni giorno via internet), compiti da correggere, un gorgo di impegni dove si era rigirato a fatica, con il pensiero riconoscente e ammirato a Barbara, che negli ultimi tredici anni aveva fatto tutto questo e anche di più, da quando c'era Micol. Va bene, erano sempre stati in due, più i nonni in certi casi, però...

Alla fine, Art si era appisolato sul divano e si era ridestato al buio, alle cinque, e Bianca non era ancora rientrata! Con quell'altra, poi, che era sotto la sua totale responsabilità! Si era attaccato al cellulare, ma il numero della figlia non era raggiungibile, così gli era salita una tremenda ondata d'ansia, quasi uno tsunami: dove vado a cercarle, nel caso? Cos'aveva detto Bianca prima di uscire? Andiamo in centro, e poi? Finalmente era arrivato uno squillo di sua figlia: almeno non era stata rapita! Art l'aveva chiamata subito, e lei aveva risposto con un certo piglio irritato:

«Che c'è papà?».

«Come sarebbe a dire che c'è?», era sbottato lui. La voce gli era uscita un po' stridula: «Sono tre ore che siete fuori, il telefono era irraggiungibile, ma ti rendi conto?».

«Irraggiungibile? Strano però, forse in metropolitana non prendeva.» Il tono della figlia era disarmante, ma Art aveva ancora una buona dose d'ansia da smaltire:

«Bianca, non va bene! Con quello che succede, sei in giro da ore, possibile che non ti venga in mente di chiamare?».

Lei allora si era difesa in tono lamentoso: «Ma papà, sono appena le cinque e mezzo! Cosa vuoi che succeda?». Si sentiva un gran brusio di sottofondo, e musica.

«Ma dove sei?», aveva domandato lui, finalmente senza la nota d'allarme nella voce.

«Al centro commerciale di piazza...», l'ultima parola si era volatilizzata nella linea, ma Art aveva capito. Al centro commerciale? A fare cosa? A comprare cosa? Stava anzi per chiederlo, ma si era morso la lingua in tempo:

«D'accordo, però alle sei e mezzo dovete essere a casa. Tassativo», aveva ribattuto, sfoderando il suo tono più severo.

«Sì, sì, tranquillo!», aveva tagliato corto Bianca, serafica.

Art aveva fissato un po' stordito lo schermo del cellulare che si spegneva, domandandosi con chi avesse parlato: la sua vera figlia o la sua proiezione nel futuro, una donna in giro con l'amica per caffè e negozi? Una donna, insomma, come non è sua moglie Barbara, che nei centri commerciali non mette piede e se ha un'ora libera va al corso di yoga. Forse avrebbe dovuto andarci anche lui a yoga, per affrontare giornate come quella. Quando le due fanciulle erano finalmente rientrate, infervorate e piene di piccoli pacchetti, Art non aveva potuto fare a meno di chiedersi, incuriosito e vagamente irritato, quanti soldi avesse speso Bianca, e quali... tutti quelli della paghetta?

Insomma, Bianca deve proprio ammettere che papà ha preso a mostrarsi un ficcanaso, e poi è così ansioso! Il pensiero commosso corre a mamma, che riesce tanto bene a sopportarlo, e che non si arrabbia mai, proprio mai. Come le manca mamma, ma non osa proporre di fare cambio: avere mamma con sé e lasciare papà a Micol, anche soltanto per una settimana. Ormai papà insegna, non ci mancava che questa. Da quando lavora in quel posto di disegnatori, be', ha preso proprio l'aria del professore, sempre con il ditino alzato pronto a rimproverare, a domandare, a indagare.

Domenica, per fare un esempio: non le aveva dato un attimo di tregua. E dove andate, cosa fate... E poi telefonate, e raccomandazioni di rientrare alle sei e mezzo in punto, e infine quelle occhiate di rimprovero al trucco che lei e Tanya si erano fatte fare dal visagista, giù al centro commerciale.

Certe risate, con Tanya! Avevano provato i vestiti, e davanti agli specchi dei camerini avevano anche ripetuto i movimenti delle ultime lezioni con gli abiti indosso. Si erano permesse una fetta di torta a testa, avevano visitato tutti e sei i piani del magazzino, compreso quello dell'arredamento, sedendosi sulle poltrone e sui divani, e Tanya si era sdraiata anche su un letto a baldacchino, provando a imitare la Bella Addormentata, finché una solerte commessa le aveva chiesto – ma con molta gentilezza – di alzarsi. Persino il reparto uomini avevano visitato. Non sia mai che una volta debbano interpretare una parte maschile, succede spesso: mancano i ballerini oppure si decide che un ruolo di ragazzo o di bambino sia affidato a una ballerina. Ed eccole provarsi berretti e cappelli, e chiedersi l'una con l'altra: «Come sto?».

Infine, si erano prenotate per una seduta di trucco al piano terra, dove un make-up stylist offriva gratis il trucco. Le signore poi compravano fondotinta e rossetti, ma loro due si sentivano esentate, in quanto artiste. Anzi, avevano rivelato che erano ballerine e studiavano all'Accademia e il truccatore era rimasto talmente colpito che aveva regalato loro due piccole trousse da viaggio! Che meraviglia!

Bastava dire che erano ballerine perché si spalancassero le porte! Una commessa le aveva fatto lo sconto di sua iniziativa sugli elastici e le mollette per i capelli, e perché era ballerina le aveva fatto un bellissimo pacchetto infiocchettato. Anzi, due pacchetti: la metà degli elastici li aveva regalati a Tanya, che non aveva soldi con sé. Anche la torta e il tè, aveva pagato tutto Bianca, ci mancherebbe: lei ha una piccola paghetta e i soldi che nonna le ha regalato a Natale, una bella cifra che papà non conosce e che lei tiene nascosta in una busta dentro il diario chiuso con il lucchetto in fondo all'armadio. Prima di uscire, aveva preso una delle cinque banconote rosa del suo tesoro e si era ripromessa coscienziosamente di non spenderla tutta, ma qualche piccola soddisfazione poteva togliersela. Certo, il golfino morbidissimo e bianco, da incrociare in vita, non poteva permetterselo, e bisognerà che porti mamma con sé, la prossima volta che viene. Magari la informerà al telefono, le manderà la foto del golfino per mms, così certe cose Bianca le aveva fotografate, mentre altre abbordabili come gli elastici, un paio di calzini colorati, un animaletto di peluche da attaccare sul cellulare, uno per lei e uno per Tanya ovviamente, e poi uno smalto trasparente brillante e un piccolo astuccio di stoffa, quelle le aveva comprate allegrissima, chiedendo sempre un pacchettino per ogni cosa, perché era un regalino o perché «sa, siamo ballerine...» e le commesse sorridevano, s'inchinavano, si complimentavano, osservavano che se n'erano accorte, perché così dritte e a testa alta non se ne vedono molte, di ragazzine.

Poi erano arrivate a casa, sprizzanti di gioia e papà le aveva accolte con un sorriso tirato, si vedeva benissimo che non era per niente contento:

«E questo trucco?», aveva chiesto, fingendo di essere divertito. Ma dove, chi, e perché, continuava a indagare, mentre loro due ridevano e spiegavano a spizzichi e bocconi: «Un truccatore… era gratis… abbiamo provato… sì, tutto gratis!».

«E in questi pacchettini che c'è?», aveva insistito papà, con il naso che si allungava come se annusasse il contenuto.

«Abbiamo preso delle cose per i capelli», aveva glissato Bianca, senza aprire i pacchetti.

«Ancora?» si era stupito papà. «Ma ne hai una scatola piena in bagno!»

Così Bianca aveva scoperto che le contava gli elastici e le mollette! Davanti a Tanya, poi, questa scena!

«Tanti sono rotti, allentati», aveva ribattuto, e già tutta l'allegria stava scemando. Per fortuna, papà aveva cambiato discorso:

«Avete mangiato?».

Aveva risposto Tanya al posto suo, lei aveva deciso in quell'istante di non rivelare mai più niente. Mai. «Sì, una fettina di torta con le fragole, era squisita, vero Bianca?»

L'entusiasmo dell'amica l'aveva contagiata di nuovo e si era messa a ridere, annuendo. Papà non le avrebbe rovinato la bellissima domenica, così aveva preso Tanya per mano e si erano rifugiate in camera a commentare e aprire i pacchetti e rimirare le loro piccole spese, e ad abbracciarsi perché Tanya, nell'aprire il suo regalo di elastici e scoiattolino da appendere al cellulare, si era sentita così contenta e grata che si era buttata nelle braccia dell'amica, saltando di gioia. Finché papà non aveva bussato alla porta, e loro si erano subito separate prima che lui tuffasse la testa nella stanza:

«Scusate, ma è pronta la cena».

È lunedì sera, e la chiave gira nella toppa. Art sta correggendo i compiti in cucina, solleva lo sguardo verso l'orologio appeso alla parete di fronte. Sono le sette, è già ora di preparare la cena. Dall'ingresso gli giunge un chiacchiericcio allegro, così istintivamente ha un moto d'insofferenza, pensando che anche stasera ci sarà Tanya, ormai è come una seconda figlia, anzi, una terza figlia… Giusto, Micol! Non le ha ancora telefonato, oggi! Corre in soggiorno per afferrare il cellulare: da qualche giorno Bianca gli ha scaricato un programma per cui può chiamare senza spendere. Così, mentre sta sollevando il cellulare dal tavolinetto, vede profilarsi nella stanza, accanto a Bianca e Tanya, un'altra ragazza.

«Ciao papà», lo saluta sua figlia, con il suo sorrisetto da Gioconda. «Ho invitato Lisa a cena. Ti secca?»

Preso di sorpresa, risponde impacciato: «No, no, figurati. Salve, entrate, anzi scusatemi, devo fare questa telefonata urgentissima…». Poi si rifugia in cucina, mentre le tre fanciulle vanno a ridacchiare in camera e poi subito in bagno, ci mancherebbe.

«Amore, come va?», la voce di Barbara gli giunge come un balsamo nelle orecchie.

«Bene, insomma… sai, ecco…», farfuglia.

«È successo qualcosa?», si allarma lei, dall'altra parte.

«Ma no, una sciocchezza. Sai, tua figlia è arrivata a casa con due amiche, a sorpresa», sta spiegando lui, e la moglie lo interrompe, puntualizzando ironica:

«Mia figlia? Ma in queste cose è più figlia tua che mia…».

«Sì, certo, ascolta tesoro, non mettiamoci a discutere, per carità!», taglia corto lui. «Devo fare la cena a tutte quante, e di solito mangiano come lupi. Cosa preparo? Dammi un'idea.»

«Dimmi che cos'hai in casa e vediamo», lo rassicura lei. Art apre gli sportelli, elenca un po' di cose e Barbara consiglia subito: «Un bel risotto, poi le fettine impanate, le patate bollite...».

«Sì, giusto, hai ragione. Perfetto!» Art si sente sollevato.

«Ti lascio lavorare», lo saluta la moglie, in tono canzonatorio.

«No, aspetta, Barbara! Non avevo chiamato per questo», ribatte lui, appena prima che lei chiuda. «Micol! Passami Micol.»

Ma dall'altra parte sente la bambina che strilla: «Ora no! Sto guardando Peppa in Tv!».

Ce ne fosse una che obbedisce, di figlia.

Ma la cena è un gran successo: le ragazze mangiano di gusto, chiacchierano animatamente e scoppiano in clamorose risate, rovesciando indietro la testa e ricadendo in avanti, risate che Art vorrebbe tanto condividere, se soltanto ne capisse il senso, il motivo. Ma il motivo è chiuso nel cerchio delle tre ragazze: è legato alla frase di Heléna, oggi, che ha ordinato le tre *glissades* e i due *assemblés* e poi se n'è scordato uno e la Bobulova hai visto come l'ha fulminata? L'ha incenerita sul posto, che figura, e oggi Cinthya non l'ha portato il caffè alla Bobulova, si vede che è stufa di fare la schiavetta, tanto non serve a niente, sarebbe meglio che lavorasse un po' di più sui *jetés*, invece che scottarsi le dita sui bicchierini di carta. E giù risate.

Art sorride, ascolta, ogni tanto gli viene anche un po' da ridere di riflesso, come i bambini piccoli che ridono perché vedono gli altri sganasciarsi.

Poi, simili a tre farfalle, le ragazze si alzano da tavola e svolazzano tra camera e bagno, mentre lui sparecchia e carica la lavapiatti.

«Papà? Puoi accompagnare Lisa a casa, vero?», domanda Bianca. Non è una domanda, è piuttosto un ordine regale.

«Volentieri», ribatte Art, un poco sollevato. Temeva che anche Lisa si piazzasse lì per la notte, invece, che gioia!, ha una famiglia, una casa dove tornare. Se anche dovesse accompagnarla sulla luna, Art uscirebbe di buon grado.

«Abiti lontano?», chiede infine, uscendo con la ragazzina infagottata dentro un pesante e lungo piumino.

«No, signor Art. Sono tre fermate di metro, ma mia mamma non vuole che le faccia da sola, di notte.»

«Parole sante», commenta Art, dirigendosi in fretta verso la fermata della metro.

Al rientro in casa, la camera di Bianca è silenziosa, segno che le due ragazze dormono. Finalmente è passata l'euforia della novità e sono entrate in una specie di routine. Quanto a lui, Art, ormai si è abituato al divano e mette la sveglia alle sei. Altrimenti, può scordarsi di fare la doccia mattutina in pace.

5.
Un bagno per cinque

Cynthia è la peggiore di tutte. Si vede benissimo che sbava dietro a Heléna, che apprezza le ruffiane e quando deve parlarle addolcisce il tono e aiuta lei più delle altre nel correggere i movimenti. Ma l'esecuzione si fonda proprio su piccolissimi dettagli: appena un poco più in alto il mento, più aperte le spalle, più sollevato il piede e la punta più dritta. Quante volte Heléna si avvicina a Cynthia e le sfiora le dita della mano o un ginocchio passandole accanto con noncuranza, come se in realtà facesse svolazzare le dita per tenere il tempo.

Il falco Bobulova resta appollaiato sul suo sgabello in fondo alla sala. Lei non ha preferite, e se c'è da rimproverare Cynthia, non si fa scrupoli. È per questo che la sua assistente usa simili astuzie per curare e sostenere la sua pupilla. La povera Cynthia, per mostrare la sua gratitudine, si sta dissanguando in caffè offerti con un sorriso servizievole, in mazzolini di fiori il venerdì e Cd trovati all'edicola, addirittura disegni di ballerini e ballerine realizzati la sera prima, «ispirata» come afferma con voce miagolante «dallo Schiaccianoci che ho visto in Tv».

C'è una parola sola che esprime tutto il risentimento di Bianca: «Vomitevole».

«Sì, proprio. È squallidissima», conferma Tanya. Entrambe puntano lo sguardo accigliato verso la melliflua compagna che indirizza sorrisi a tutta dentatura verso le maestre. È l'ora della pausa e le ragazze sono sparse tra l'aula e il corridoio, chi approfittando per fare stretching, chi bevendo una cioccolata calda della macchinetta, chi, come Bianca e Tanya, accrocchiate in un piccolo gruppo con Lisa e Vivienne. Sono le ragazze con cui Bianca va a scuola la mattina e con le quali ha legato di più, grazie alla complicità nata tra i banchi, dove sembra che facciano a gara a chi è più indisciplinata e disattenta, a chi è la più scatenata durante la ricreazione, a chi riesce a beccarsi più insufficienze.

«Certo ci vuole un bello stomaco a passare le giornate leccando i piedi!», sbuffa Vivienne, che si rifiuta di guardare Cynthia. Non vuole darle la soddisfazione di scrutarla: quella smorfiosa potrebbe sperare di essere invidiata per l'ascendente che ha su Heléna.

«Che ne dite dei disegni del balletto?», domanda Lisa, provocatoria.

«Ma che orrore, che tristezza!», solleva gli occhi al cielo Vivienne. Si porta persino una mano sulla fronte e si copre il viso.

«Sono le cose che si fanno da piccole, io mi ricordo che portavo i disegni alla maestra, alle elementari», rivela Tanya.

«Brava, proprio cose infantili», rincara la dose Lisa.

Bianca non ha smesso di puntare il naso verso la compagna incriminata. Che deve essersi sentita trafitta dal suo sguardo truce, perché si volta e le indirizza un sorriso falso. Bianca sorride di rimando, scoprendo i denti come un cane pronto ad azzannare.

«Uh, guarda, sta arrivando!», bisbiglia Lisa, coprendosi la bocca con la mano.

«Seguita dalla sua scudiera...», aggiunge Tanya, che volta le spalle alle due ragazze in arrivo, in palese segno di disprezzo.

La scudiera è Maria, che tra loro chiamano Mariona perché è la più alta e robusta della classe di danza. Negli ultimi due mesi è come lievitata: le è cresciuto il seno, si è ingrossata di fianchi e di gambe, e quando muove i passi sembra abbia due palle di ferro ai piedi. Sicuro come l'oro che l'anno prossimo non la vedranno più.

La Bobulova le ha avvertite già all'inizio dell'anno: «Per la danza ci vuole la massima disciplina, ma ci vuole anche il corpo. Un corpo leggero, agile, flessuoso, un filo d'erba. Non sognatevi di crescere troppo, altrimenti vi mando di sopra, con i ragazzi». Non l'aveva detto scherzando, ma le sue assistenti erano scoppiate nella solita risata isterica, applaudendo come se la maestra si fosse esibita in un piccolo show.

Mariona, che torreggia sopra tutte le altre, sarebbe già stata spedita nelle aule con i ballerini, non fosse per quelle tette grosse che fatica a contenere nel reggiseno. Così è ancora con loro, tutte più basse e più esili di lei, in attesa che la fine dell'anno decreti la sua espulsione. Lo sa anche lei, sarà per questo che si è aggrappata alla ruffiana della classe, alla cocca dell'assistente. Chissà che riesca a intercedere per lei e a permetterle di restare in Accademia: magari l'anno prossimo cambia classe ed evita la Bobulova, quella russa fissata con i corpi come sottilette, uguali al suo.

«Ciao. C'è qualcosa che mi vuoi dire?», esordisce Cynthia rivolta a Bianca. Ha già posto le mani sui fianchi, e non ha mai smesso di esibire la maschera del sorriso.

«Niente che tu non sappia già», ribatte Bianca, anche lei con il sorriso sulle labbra e gli occhi gelidi.

«Che sono migliore di te, vuoi dire», attacca l'altra, sbattendo un po' le ciglia sugli occhi celeste acquoso. Così vicina, Bianca le nota i brufoli arrossati sulle tempie che pulsano e le corde tese del collo.

Bianca sente il calore diffondersi dal petto su fino alle guance, come lingue di fuoco. «Sei soltanto una ruffiana da quattro soldi», sibila, furiosa. Il sorriso le si è spento del tutto.

«E tu sei una rospa», ribatte l'altra, incurante delle amiche che circondano Bianca e che la fissano ostili.

«Ehi, ma ti sei vista?», ribatte subito Vivienne, e punta il dito su Mariona. «No, dico, tu e questo elefante?»

«Cosa vuoi, idiota?», ringhia l'interpellata, con un minaccioso passo avanti. «Fai pena, sei secca come una scopa.»

«Lasciamo perdere, Maria», interviene Cynthia, raffreddando il tono. «Queste cercano solo rogna. Poverine, muoiono di invidia.» Riprende un'aria serafica, mentre Bianca sbotta:

«Invidiare chi? Te? Una che non sa compiere mezza *pirouette*? Mi fai ridere».

Ma chi ride è l'altra. «Paura, eh? Fai bene. La Bobulova

ti caccia, me lo ha detto Heléna», sputa infine, con aria soddisfatta.

«Ma stai zitta, se caccia Bianca, a te deve buttarti direttamente nella discarica», s'infuria Lisa, mentre Vivienne fa per scattare avanti, ma Tanya le blocca il passo, l'afferra per le braccia e le soffia in faccia: «Non fare stupidaggini, ti buttano fuori».

L'altra si divincola. «Lasciami, voglio togliermi la soddisfazione di strozzarla.»

Anche Bianca si mette in mezzo, le posa una mano sulla spalla: «Non vale la pena, Viv. Non valgono proprio la pena tutte e due».

Nel frattempo, Art è appena uscito da scuola, dopo le lezioni e il collegio dei docenti. Una giornata faticosa, considerando che deve ancora passare dal supermercato (il frigo è completamente vuoto) e dalla tintoria. Estrae il cellulare dalla tasca interna del giaccone e nota tre chiamate da un numero sconosciuto. Magari si tratta di lavoro: insegnare va bene, ma sogna che qualcuno si ricordi che lui è un grafico e che lo chiami per qualche bel progetto. Allora sì che le cose comincerebbero a girare per il verso giusto. Magari potrebbe permettersi una governante, qualcuno che pensi alla spesa e al mangiare ogni singolo giorno, perché no?

Preme il tasto di richiamata cullandosi in questa consolante prospettiva, prima che dall'altra parte arrivi il suono del brusco risveglio:

«Sono la mamma di Lisa. Art, giusto?». Il tono non è affatto cordiale, dunque deve trattarsi di qualcosa che non va.

«Sì, buonasera. Ho visto che mi ha cercato…»

La donna lo interrompe, in tono di rimprovero: «Buonasera. L'ho chiamata più volte, non capisco perché non rispondeva».

«Mi scusi, ma insegno e a scuola, come sa…» Art cerca di mantenersi sereno. Cos'avrà questa signora da scaldarsi tanto?

«Va bene, veniamo al dunque», taglia corto lei. «Ieri sera Lisa ha cenato da voi, e mi ha detto che ha mangiato il risotto, le fettine di carne fritte e le patate. È vero?»

Art esita qualche istante, sbigottito. «Sì, certo.»

Dall'altra parte della cornetta la voce sbuffa, stizzita. «Ah. Ecco. Ma lei si rende conto?»

«Abbia pazienza signora…?»

«Bernardt, non le ha detto Lisa come ci chiamiamo?»

Art solleva lo sguardo al cielo, come invocasse un aiuto celeste: questa donna irrefrenabile è tutta un rimprovero, ma cosa mai le sarà successo?

«Signora Bernardt», ribatte, indurendo il tono. «Sua figlia è un'amica di mia figlia, non si è presentata formalmente, nome e cognome. Quanto al resto, mi può spiegare cosa significa questa telefonata?»

«Questa telefonata, caro signore, ha lo scopo di ricordarle che mia figlia, non so la sua, intende fare la ballerina e come tale segue un preciso regime alimentare.»

Ah, ecco, pensa Art. «Quale regime, signora? Nessuno mi ha consigliato una cosa del genere, all'Accademia», replica, irritato.

«Scusi, ma cosa crede, che gli insegnanti di danza mettano in mano una lista di alimenti? Hanno altro da pensare. Siamo noi che dobbiamo informarci, sapere. Non è andato da un medico sportivo, lei? Non ha fatto fare le analisi a sua figlia?»

Art sente distintamente la testa stringersi in un principio di emicrania. Non ci mancava che questo fiume di biasimo, dopo l'estenuante discussione con i colleghi sugli scrutini e la programmazione. «Ho fatto tutto quel che si doveva fare», replica, stancamente. «Il medico sportivo non c'entra niente, mi pare, è un suo personale scrupolo, non il mio.»

«Ognuno è libero di rischiare la salute sua e dei propri figli, ma certo non di quelli degli altri. Le fettine di carne fritte! Ma lo sa che il fritto si digerisce dopo ben quarantotto ore? E poi le patate dopo il riso, vuole che le bambine ingrassino deplorevolmente?»

Art è tentato di premere il tasto off e chiudere quella telefonata infernale. Raccoglie tutta la pazienza che ha per amore di Bianca, che è amica di una ragazzina vittima di una madre pazza. «Guardi, io credo che lei esageri, che si preoccupi troppo. Le ragazze hanno tredici anni, faticano tutto il giorno, hanno bisogno di energia...»

«Per favore non mi faccia la lezione, da bravo professore!», alza la voce la pazza. «Energia non significa cibo spazzatura.»

«Va bene, allora se vuole offendere, la saluto», sbotta Art.

«Non permetterò più a Lisa di venire a casa sua», ribatte la donna, ma almeno ha riabbassato il tono.

«Signora, la notizia mi consola. Buonasera.»

Se non altro, la pazza ha il buon gusto di salutare: «Buonasera».

Non mi manca altro che un regime alimentare dettato da un medico sportivo, pensa Art dirigendosi verso il supermercato.

Più tardi, carico come il solito di due borse piene di tutto, entra in casa convinto di avere almeno un'oretta di pace. Con sorpresa trova tutte le luci accese e sua figlia che spunta dalla camera, sprizzando allegria.

«Ciao papà. Dov'eri?»

«Ciao. Non si vede? Al supermercato...», ribatte abbastanza seccato. Di nuovo ha la sensazione di essere il maggiordomo di sua figlia.

«Hai fatto bene! Può rimanere anche Vivienne a cena, stasera?»

«Vivienne?», boccheggia Art e guarda alle spalle di sua figlia, dove è comparsa Tanya che lo saluta con tanto di mano svolazzante: «Ciao Art».

«Ciao Tanya», risponde lui, atono.

«È in bagno, te la presento dopo. Ci stiamo facendo la doccia a ruota», ride Bianca, seguendo suo padre che porta i sacchi in cucina e li deposita pesantemente sul tavolo.

«Come mai tutte qui?», domanda lui, irritato. Addio minuti di tranquillità.

«Papà, ti secca?», domanda subito lei, fissandolo con aria di rimprovero misto a incredulità. Al che, lui sbuffa e protesta, esasperato:

«Via, Bianca, potevi almeno mandarmi un messaggio. Ma possibile che non ci pensi?». Intanto si sfila il giaccone e lo poggia sulla sedia. Di là, con tutto il viavai dal bagno alla camera, non ci torna davvero.

«Hai ragione, non mi è proprio venuto in mente, siamo venute subito qui, dovevamo parlare.»

Art scocca un'occhiata all'orologio: «Siete uscite prima?».

«Un'ora prima», conferma lei. «Per questo ho proposto di venire tutte da me. Tanya sta al convitto, Vivienne è ospite in una famiglia, come me prima, sai... E Lisa...»

Art sobbalza: «C'è anche Lisa?».

«Sì, certo. Perché?», lo fissa lei, sorpresa. Lui s'irrigidisce di nuovo e spiega, laconico:

«Mi spiace, tesoro, ma Lisa non può rimanere a cena qui con noi. Sua madre non ha piacere».

«E tu come lo sai?»

«Mi ha chiamato prima.»

Bianca non replica e fa dietro front in un modo che sbalordisce Art: girando su se stessa come una trottola. In un attimo, Lisa si materializza in cucina, con i capelli bagnati e indosso l'accappatoio di Bianca. «Ciao Art.»

«Ciao», risponde lui, chiedendosi come mai le ragazze gli usino tutta questa confidenza. Insomma, lui è il papà, lì dentro. Non pretende certo il "signor" davanti al nome, ma almeno "buonasera" anziché "ciao".

«Che dice mia madre?», domanda lei a bruciapelo.

«Scusa Lisa, forse dovresti chiederglielo tu, non ti sembra? Comunque credo che tu non possa rimanere a cena qui con noi. Mi spiace», decreta Art. Ha cercato di mantenere un tono distaccato, come un annunciatore del Tg.

Anche quella fa dietro front come una trottola, senza replicare. Cos'è? Il modo di uscire di scena appena imparato?, si domanda Art, vagamente sollevato dall'idea di avere un'ospite in meno, e non per colpa propria. Si appresta a togliere la roba dai sacchetti e a riporla nel frigo o sui ripiani, quando sente Lisa strepitare in soggiorno, con un tono lacrimevole:

«Non vedo perché devo rientrare, siamo tutte qui! Vieni a vedere con i tuoi occhi se non ti fidi... Non è giusto, ora che ho queste amiche, siamo tutte ballerine... Tu non vuoi che abbia delle amiche, è questa la verità!».

Art vorrebbe tanto avere una stanza dove potersi rinchiudere, come il suo bellissimo studio, quell'oasi di pace e calore che ha lasciato giù nella sua città e dove ogni tanto gli sembrava persino di stressarsi per il troppo lavoro! Giura che non si lamenterà mai più: rispetto a questo, era un divertimento.

In soggiorno, intanto, tutte si sono radunate intorno a Lisa che piange al telefono. Art sente sua figlia parlare con voce calma e determinata:

«Signora, sono Bianca. La prego, lasci restare Lisa a cena con noi, la riaccompagna papà come l'altra sera... Come? Sì, un attimo».

Prima che sua figlia ricompaia in cucina con il cellulare nella mano tesa verso di lui, Art immagina di svanire. Potrebbe anche rinchiudersi nel frigorifero e amen. Invece, eccolo prendere il telefono dalla manina di Bianca, con aria falsamente interrogativa.

«Scusa papà, la mamma di Lisa ti vuole parlare. Tanto vi conoscete.»

Art si schiarisce la gola. «Pronto?»

«Buonasera, sono la signora Bernardt», esordisce la solita

voce, che però ha smesso il tono battagliero di prima. «Mia figlia si sta comportando da maleducata, ma quando è in queste condizioni di nervi, non ci si può ragionare.»

Sarà il regime alimentare, vorrebbe replicare Art, ma si morde la lingua. «Dunque?», si limita a chiedere. La donna non batte ciglio: «Dunque è meglio se resta lì con le sue amiche. Verrà mio marito a prenderla, più tardi. Le suonerà il campanello.»

«La avverto che stasera farò brodo di pollo e pastina», annuncia Art, in tono ironico.

«Perfetto, la ringrazio. È molto comprensivo.»

«Bene, grazie. La saluto.»

«Arrivederci», fa lei, ma Art pensa: e quando mai ci siamo visti, quando poi ci dovremmo rivedere? Speriamo mai. Se non l'ha mandata a quel paese è soltanto per sua figlia e per la povera Lisa, che non si merita di essere buttata fuori di casa per le fisime di sua madre.

«Buonasera, signor Art», suona una vocetta alle sue spalle. Quasi non crede alle sue orecchie, mentre si volta e si vede davanti una ragazza magrissima, con i lunghi capelli bagnati sulle spalle larghe e ossute. «Sono Vivienne», e allunga una mano verso di lui.

«Deduco che il bagno è libero», borbotta lui, dopo aver stretto la manina.

«No, signore. C'è Tanya, adesso.»

«Non chiamarmi signore, per carità», ribatte lui, uscendo dalla cucina con in testa un'idea. Afferra le chiavi, esce sul pianerottolo e suona il campanello alla porta di fronte. «Mi scusi, sono il suo dirimpettaio», si presenta al vicino, un signore anziano in vestaglia e pantofole. «Le dispiace se uso il suo bagno? Nel mio ci sono quattro ballerine.»

L'uomo lo fissa da dietro le lenti da presbite, poi allunga la testa verso il pianerottolo con espressione sconcertata: «Quattro ballerine?».

«Non fraintenda», si riprende Art. «Sono quattro bambine!»

«Quattro bambine?», ripete lui, accigliandosi.

«Mia figlia, insomma!», si spazientisce Art e l'uomo apre l'uscio, fissandolo sbigottito mentre Art finalmente entra: «Ha quattro figlie?».

«Praticamente sì», esala Art.

6.
Sei sul divano

Il lunedì è la giornata peggiore, si sa. Per tutti, ma per Art ancora di più, soprattutto quando è reduce da un fine settimana passato come un treno ad alta velocità dalla stazione di casa, quella vera. Non capita ogni settimana che lui e Bianca riescano a tornare da mamma e Micol: il sabato mattina Art insegna e deve chiedere una sostituzione a qualche collega per prendersi la mattinata libera e partire il venerdì tardi, dopo la lezione di Bianca. Allora, com'è successo anche stavolta, salgono sull'ultimo treno e arrivano nella loro città prima di mezzanotte, sfiniti. Sempre, Bianca si addormenta nella carrozza, mentre Art, seppur stanchissimo, non chiude occhio, per l'eccitazione di tornare, sia pure per poche ore (le ha contate, sono quarantadue circa, i minuti li ha tralasciati, ma prima o poi conterà anche quelli), a casa, riunendo tutta la famiglia.

Barbara li aspetta alla stazione, benché Art le chieda di non uscire, di attenderli a casa, se il treno ritardasse? A quell'ora, la stazione non è sicura… Ma Barbara non sente ragioni e Art deve ammettere che, quando scende dal treno con Bianca assonnata e appoggiata alla sua spalla, intravedere sua moglie in fondo al binario, sorridente, gli dà un tale senso di sollievo, misto a gioia, tenerezza, e sorpresa nel trovarla così carina, così luminosa, che gli sembra un faro in mezzo al mare e deve davvero trattenersi per non aggrapparsi a lei come un naufrago.

Il sabato è il giorno della felicità assoluta e una felicità così assoluta non si incrina per i capricci di Micol che, comprensibilmente, gli consegna il conto della sua lontananza fatto di pianti improvvisi scatenati da un nonnulla, dopo i primi festeggiamenti di gioia e le ore in esclusiva che papà le riserva, loro due soli. Intanto Bianca e mamma si riallacciano strette come un nodo che si era allentato e passano la giornata a bisbigliare e ridacchiare, ammiccare tra loro, tanto che Barbara non appare diversa da una delle amiche del cuore di Bianca, quelle che stazionano ormai fisse nel bilocale, su nella metropoli. Ma della casa, delle incombenze quotidiane, del lavoro, Art non vuole parlare. Ha troppo poco tempo, i minuti contati, da dividere con Micol e Barbara, e passa la giornata a scattare foto, per guardarsi i suoi tesori quando sarà lontano. La domenica mattina, infatti, Art inizia già a sospirare, cerca di cacciare il pensiero della partenza nel pomeriggio tardo, vuole godersi il pranzo di Barbara, magari con i nonni e gli zii, una tavolata come se fosse Natale, ma il tarlo del tempo gli buca la gioia, svuotandogli i polmoni. Deve riempirseli e, quando l'aria esce, si forma l'ennesimo sospiro che Barbara accoglie con uno sguardo un po' tremolante. Tra loro passa la muta e reciproca raccomandazione di resistere, per amore di Bianca, e un po' per amore di loro due, che si sono messi alla prova come persone adulte e consapevoli, come genitori.

Per Bianca, invece il lunedì è una giornata magnifica, soprattutto quando, come oggi, il sole inonda l'aula di danza dalle vetrate e la fa scintillare come una boccia di vetro. I fine settimana a casa sono troppo penosi. Il sabato lo passerebbe a piangere tra le braccia di mamma, rendendosi conto di quanto le è mancata e di quanto le mancherà poi. Non può ammettere che in quei momenti invidia sua sorella che ce l'ha tutta per sé, e che si è presa tutti gli spazi in casa, come se lei, Bianca, non tornasse più. Passa da uno stato di eccitazione con tutta la famiglia intorno a uno stato di disperazione in treno, sola con papà, entrambi cupi e pensierosi, papà che cerca di distrarsi con le sue letture, lei che si ficca le cuffie nelle orecchie e comincia già a digitare messaggi alle amiche dell'Accademia.

Le piacerebbe che i suoi si trasferissero tutti quanti su in città, ma ogni cosa è così difficile, così complicata. Mamma sembra incatenata come una schiava nell'ufficio di una donna prepotente ed egoista, somiglia a quell'eroe attaccato alla montagna per sempre. Gli adulti hanno destini irrevocabili. Come i genitori di Tanya inchiodati nel loro paese sperduto, come Heléna, assistente eterna della regina Bobulova. Lei invece, la maestra, sembra che il suo destino lo faccia e disfaccia: ha studiato in Russia, era ballerina ed è venuta via dal suo Paese dove era già una promessa étoile, è entrata in Teatro, ma non era contenta, è andata in America, poi è rientrata, è stata prima ballerina del Teatro, poi ha aperto una sua scuola, e ora è una delle insegnanti più ammirate e temute ed è pure esaminatrice di concorsi nazionali.

La Bobulova non fa quello che gli altri vogliono che lei faccia, non dipende proprio da nessuno. Ed è così che farà Bianca: sarà una ballerina indiscutibilmente brava, una che non dipende dalla benevolenza di qualcuno, come Cynthia, o dalla raccomandazione di qualche potente, come si dice della maestra Fantini, che insegna all'Accademia per intercessione di un ministro o di un industriale, Bianca non sa bene, non ricorda, e poi non le interessa. Per fortuna, non le è capitata la Fantini come insegnante, che le allieve dichiarano competente e dolce, attenta, comprensiva. Lei preferisce di gran lunga l'inflessibile Bobulova, la donna che si è meritata tutto da sola e che non è dolce né comprensiva. Lo sa, la Bobulova, che questo è un mondo duro, una montagna dove s'incatenano persino gli eroi, e che per essere liberi ci vuole una bravura eccelsa, indubitabile, disciplina ferrea, una tecnica perfetta, superiore. Le altre, quelle mediocri, si fanno raccomandare: una vale l'altra. Le più brave volano talmente alto che non c'è raccomandazione che le sfiori, non c'è catena che le tenga, né tranello che le faccia cadere.

Il lunedì pomeriggio è per lei un sollievo constatare che l'Accademia c'è ancora, che l'aula è lì ad attenderla e che le sue compagne la salutano, ormai è una di loro, che la Bobulova è seduta sul suo sgabello in fondo alla stanza e si limita a dire un generico "Buonasera" a tutte, ma a nessuna in particolare. Non come la Fantini che chiama le allieve per nome, le saluta una a una, a volte le chiama "dolcezza" o "tesoro". La russa non guarda nessuna, batte le mani perché si affrettino alla sbarra, fa un cenno a Heléna perché ordini i movimenti, poi lascia vagare lo sguardo rapace senza che si soffermi su quella o l'altra. E quando anche si sofferma, non è detto che sia per apprezzamento, potrebbe anche essere un'occhiata riprovevole.

Ma questo lunedì pomeriggio la luce dorata dell'inizio della primavera porta con sé un annuncio fantastico: «Proviamo una coreografia dal *Lago dei cigni*», dice Heléna con voce atona, e le ragazze sembrano attraversate da una scossa elettrica. Si stringono le mani al petto, si guardano, sorridono, trattengono le grida.

«Prima di tutto studiamo», interviene a placare gli animi la Bobulova. Heléna riunisce le ragazze attorno al video, nell'angolo dell'aula.

«Conoscete già il balletto», osserva, laconica. Tutte annuiscono e si apprestano a guardare solo il brano che studieranno.

Ma più tardi, Bianca e le sue amiche irrompono nell'appartamento discutendo animatamente. Devono visionare tutto intero il balletto che la maggior parte di loro non conosce bene, ma solo per piccoli brani visti in Tv o su internet. Ecco perché hanno messo insieme i soldi e sono corse al centro commerciale, alla ricerca di un Dvd. Impresa tra l'altro non facile, perché chi immaginava che un Dvd con una coreografia si vendesse nel reparto libri? Si sono affannate su e giù per le scale mobili, per i corridoi pieni di video e telefonini, computer, persino nel reparto casalinghi, finché si sono decise a chiedere e anche nell'immensa libreria del piano sotterraneo si sono quasi perse, sono dovute ricorrere a una commessa, al computer, e scoprire che la danza se ne stava, come Cenerentola, in un angolo piccolo e trascurato, perché chi legge difficilmente va a comprare un libro che racconta un balletto, pur famoso e pur con ballerini acclamatissimi. Anzi, soltanto perché il balletto era così famoso e i ballerini di statura mondiale, il libro con il video era ancora in vendita.

«Sono prodotti che vanno soltanto sotto Natale», ha spiegato la commessa.

Le ragazze si sono guardate tra loro, osservando il prezzo altissimo. «Allora ci farà lo sconto, Natale è lontano», ha sorriso Lisa, e Bianca, di rincalzo: «Sa, siamo ballerine».

«Lo avevo capito», ha ribattuto la commessa, ma non sembrava il tipo gentile incontrato altre volte. «Al massimo vi posso fare il dieci per cento. Su questi prodotti non si guadagna», ha dichiarato poi, un filo ostile.

Insomma, quella lì della danza aveva proprio una scarsa opinione.

Poi, come una schiera di furie, le ragazze sono corse a casa di Bianca, l'unica che ha una certa libertà e spazio. Lisa non vuole mai che vadano da lei, perché sua madre è una pianista e suona per ore, in più ha un fratello grande ficcanaso, troppe complicazioni per ospitare le amiche magari in soggiorno, dove si trova il lettore Dvd. In casa sua non ci sono computer, o meglio, c'è quello del fratello, ma si può capire benissimo che è inaccessibile.

Invece Bianca ha quello di papà.

«Papà, abbiamo bisogno del tuo computer», annuncia in tono drammatico, irrompendo in cucina dove Art sta proprio scrivendo sul suo portatile. Lui si acciglia, ma non solleva lo sguardo dalla tastiera, anzi, continua a digitare e intanto la saluta in tono di rimprovero.

«Ah, ciao Bianca.»

«Sì, ciao papà», si riprende lei, e lo bacia su una guancia.

«Buonasera», aggiunge un piccolo coro femminile. Ora Art volta la testa sorpreso e si rende conto dell'affollamento sulla porta della cucina: ma quante teste sono? Quattro, più sua figlia...

«Ciao ragazze, ma che succede?», domanda, mentre stacca le dita dalla tastiera e si porta una mano agli occhiali da lettura per toglierseli e cercare di distinguere di chi sono tutte quelle testoline.

Bianca intreccia le dita con le mani sollevate. «Abbiamo bisogno del tuo computer.»

«Bisogno? Perché?»

Ora sua figlia diventa impaziente, saltella sulle gambe e stringe le dita, gemendo: «Ti prego, papà, dobbiamo vedere un video!».

«Che video?», temporeggia intanto lui, che del gruppo ha riconosciuto Tanya e Lisa. Dietro deve esserci quella magra, come si chiama? Livianne o Arianne? E quell'altra chi è?

«*Il lago dei cigni*, papà. Lo dobbiamo studiare», spiega Bianca, affannata, e dall'intreccio delle dita sfodera un indice, puntandolo verso il portatile ancora fermamente in mano al padre.

«Studiare, eh?» Lui si toglie gli occhiali da lettura e fissa sua figlia. Questa parola di solito le fa venire il mal di testa. I suoi voti a scuola sono ancora deplorevoli, e soltanto perché lui si accanisce a ripetere con lei storia e geografia, letteratura e scienze, in queste materie è riuscita a raggiungere la sufficienza. Ma nei test di matematica e di grammatica è un autentico disastro.

«Certo, studiare», ribadisce Bianca, aggrottando la fronte. «Studiare la coreografia.»

«Non potete studiarla in Accademia? Se non erro ci sono video, computer…», attacca lui, in tono polemico.

«Il Dvd non lo prestano», spiega Bianca, e Tanya fa un passo avanti per darle man forte: «Abbiamo dovuto comprarlo, sai. Nessuna di noi conosce bene la storia».

«Tu sì», protesta allora Art rivolto alla figlia, e le sopracciglia gli schizzano fin quasi all'attaccatura dei capelli. «Lo abbiamo visto insieme, ti ricordi?»

Bianca farfuglia: «Sì, ma era tanto tempo fa, papà, ricordo qualcosa, ma ora si tratta di imprimerselo bene in testa, capisci?».

«Tanto tempo? Saranno tre mesi fa…», insiste lui, ma di nuovo Tanya interviene: «L'ho visto anch'io in Tv, ma è un'altra cosa, studiarlo voglio dire».

«Signor Art, è come sentire recitare una poesia da un attore e poi doverla studiare a memoria, capisce?», s'intromette una voce alle spalle di Bianca. È la ragazza magra che ha parlato, Livienne o Arianne o come diavolo si chiama. Art si sente irritato e sconfitto.

È una pattuglia agguerrita contro uno, e il computer passa in mano a Bianca che lo porta trionfalmente in soggiorno, per posarlo sulla cassettiera. Le ragazze (cinque, come Art si affretta a controllare, osservandole bene una a una) si siedono in parte sul divano, in parte sul tappeto, le facce rivolte verso lo schermo. Così di profilo, con gli chignon sulla nuca e le tute indosso, si somigliano tutte. È come se sua figlia si stesse replicando in cloni che a poco a poco invadono tutto l'appartamento. Perché ora, Art, ha perso anche il suo divano, la cassettiera dove tiene la sua roba, il soggiorno insomma dove si rifugiava mentre le ragazze svolazzavano tra la camera di Bianca e il bagno.

Art si tuffa le mani in tasca e per qualche minuto resta lì in piedi, dietro le ragazze, a osservare il filmato azzurrino sullo schermo del suo portatile che quella banda di replicanti ha appena fatto proprio. È proprio il balletto visto in teatro, pochi mesi fa, e anche se gli interpreti erano diversi, le scene erano quelle e anche i costumi in pratica erano uguali. Come fa Bianca a non ricordare bene? Almeno la storia... Ma sua figlia e le amiche non sono interessate alla storia del principe Sigfrido e della misteriosa Odette. Invece, come fanno i tifosi davanti alle partite di calcio, attaccano a commentare:

«Visto? La *pirouette* in *demi-pointe*, è partita dalla quarta».

«Sì, ma prima è partita dalla seconda: *ronde de jambe en dedans*, quarta e *pirouette*.»

«Qui però fa una *pirouette* in *demi-pointe* con *retiré*. Rivediamo?», chiede Bianca, e tutte annuiscono. La scena si blocca, e i passi sono ripetuti, mentre tutte approvano: «Dalla quinta, *plié* e *retiré*, e finisce in quarta».

Art batte in ritirata verso la cucina: il gruppo di replicanti parla un linguaggio alieno. Non si gode uno spettacolo, ma è come se decifrasse un codice segreto.

Sono passati pochi minuti, quando una di loro si materializza in cucina. Art sta leggendo il giornale e solleva lo sguardo un po' preoccupato: stai a vedere che gli portano via pure quello. «Che c'è?», brontola.

«Mi scusi, potrei avere un bicchiere d'acqua?»

Questa qui, Art è sicurissimo, non l'ha mai vista. Mette giù le pagine e si alza per prendere un bicchiere. «Certo. Tu come ti chiami?»

«Sono Petra, signor papà.»

Art sorride: adesso è diventato signor papà. «Chiamami pure Art.» Poi un pensiero lo fulmina e chiede: «Rimani anche tu a cena?».

«Se non le dispiace, signor papà Art», mormora la ragazza, con una vocetta che si ode a malapena. Le corde vocali di queste bambine devono essere come i loro muscoli, sottilissime, pensa Art prima di osservare, con una punta d'ansia: «Ma a dormire no, vero? Ce l'hai una casa, una famiglia?».

«Sono ospite in casa con Vivienne», spiega allora lei. «Torniamo insieme, non si preoccupi, signor papà Art.»

Prende il bicchiere e beve, poi lo poggia distrattamente sul tavolo, proprio sopra il giornale, prima di tornare in fretta in soggiorno. Il bicchiere bagnato disegna un cerchio slabbrato sulla pagina, inzuppandola. Art trattiene a stento un'imprecazione, sospira, pensa al vicino anziano che vive nel piccolo appartamento di fronte, con l'unica compagnia di un beagle che sonnecchia nella sua cesta di vimini. «Un uomo fortunato!», esclama tra i denti, mentre sbatte il bicchiere nel lavandino e ripiega il giornale.

Ma no, via, sarebbe terribile. A lui non piacciono granché i cani.

7.
Sei ballerine per un papà

Le ballerine ascoltano concentrate, impettite. Heléna sta dettando i movimenti: «*Port de bras* di preparazione, *pas de bourrée*, quarto *port de bras...*».

Le ragazze eseguono sollevando le braccia in aria, morbide, allungando il torso, tendendo le gambe.

«Alt!», ordina la Bobulova. La musica s'interrompe, le ballerine si bloccano, le braccia ricadono lungo il corpo, le ginocchia si piegano un poco, i talloni s'incollano al pavimento. Qualcuna si passa una mano sulla fronte. Per qualche istante si sente soltanto il loro respiro corto e profondo.

«Siete animali!», sbotta la maestra in tono tagliente, che provoca un brivido nella schiena di Bianca. Le ragazze non osano guardare il rapace nero che si è levato dal suo trespolo e si avvicina a passi lenti mentre ripete: «Animali!».

Non si sente altro che il ticchettare dei passi della maestra, le ballerine sembra che abbiano smesso anche di respirare.

«Avete mai visto un animale sorridere?»

Bianca osserva la maestra, che sta tirando la bocca in aria in un ghigno esagerato. Finalmente, Heléna allenta la tensione con una risata secca. Qualche altra ragazza la imita, con risatine nervose.

«Ridete pure ora, ma mentre ballate non fate quelle facce da bamboline.» Di nuovo ripete il ghigno, spalanca gli occhi e immobilizza l'espressione, come un pupazzo meccanico. Bianca ne è spaventata e affascinata: la Bobulova possiede una mimica facciale stupefacente. L'espressione si è congelata in un istante, gli occhi sembrano di vetro, e il sorriso dipinto su un volto di terracotta. Poi, i lineamenti si raccolgono nella solita aria corrucciata, che non si fissa su nessuna in particolare, ma chi doveva intendere, ha inteso.

«Siete cigni», ricorda loro la Bobulova, poi si volta e riguadagna il suo trespolo, senza però sedersi. Resta in piedi, a braccia conserte a guardare le ballerine che tornano in posizione.

Con un cenno del capo, indica al pianista di riattaccare il brano del *Lago dei cigni.*

Con la coda dell'occhio, Bianca osserva Cynthia poco lontano. Ha il fondato sospetto che la maestra si rivolgesse proprio a lei, che sulla faccetta ha un sorriso aleggiante, quasi fosse la fatina buona. Ma Bianca, invece, crede di aver capito cosa intendesse la Bobulova: loro devono diventare un gruppo di animali, bianchi e bellissimi quanto aggressivi e crudeli. Lo ha mai visto un cigno, Cynthia la ruffiana? Bianca ne dubita. Invece lei li ha visti, selvaggi, sui laghi, con quei colli flessuosi e le piume gonfie e candide come tulle, scivolare placidi e leggeri sulla superficie. La loro mascherina nera e i becchi duri le incutevano timore, e addirittura terrore quando li vedeva sollevare le ali e aprire il becco, per stridere, in atteggiamento bellicoso. Li ha visti combattere con i becchi come pugnali, tra alti spruzzi d'acqua sollevati dalle penne irte e dalle zampe palmate che sbattevano furiosamente. Li ha osservati con orrore cercare il punto debole, colpire il collo, agguantare l'ala dell'avversario, tuffare le teste sotto la superficie e uscirne avvinghiati come serpenti.

Così, Bianca esegue il *petit changement* come se tagliasse l'aria con il becco aperto e stridente, con un movimento energico e secco. Si accorge che la maestra l'ha guardata e che sulla sua faccia è passato un lampo di apprezzamento. Ora, Cynthia è vicinissima a lei, e nel *port de bras* la sfiora, nel *pas de bourrée* la fronteggia per un istante, giusto il tempo per sibilarle: «Rospa».

In effetti, in *demi-plié*, Bianca è in posizione da rospo, anzi, come lei immagina, da cigno con le ali semiaperte. Certo, sta interpretando i movimenti con ferinità, mentre quella sciocca punta sull'eleganza, compie gesti fluidi, larghi, simili a quelli delle prime ballerine della coreografia, mentre danzano con il principe Sigfrido. Però questo non è il lato romantico, è la lotta animale. È l'assembrarsi dei cigni sulla sponda del lago, il loro litigare per un'alga, e il becchettarsi per prendere posto, il gonfiare le piume per primeggiare. Bianca avanza con il busto proteso, le braccia arcuate, e con una mano urta Cynthia, che mantiene il busto dritto e le braccia stese, come una fatina con le alucce che svolazza di fiore in fiore.

Siamo animali, pensa Bianca, non siamo figure eteree, solleviamo il corpo a colpi furiosi di ali, sbattendole nell'acqua, il collo allungato in avanti e la testa che fissa il cielo con ferocia e determinazione. Solo così, con uno sforzo fisico, con l'istinto e la precisione dei movimenti, solo così voliamo.

Ma è proprio mentre sta per spiccare il volo nell'*assemblé* che qualcosa le urta la caviglia e le interrompe lo slancio della gamba. Cynthia, che è subito dietro di lei, il suo *assemblé* lo esegue con leggerezza. Bianca non ha dubbi: le ha toccato il tallone con la punta del piede, facendola distrarre e fallire il suo salto. Le monta la rabbia, e la seconda parte della prova è per lei il campo aperto, la sfida, il combattimento. Solleva la testa, e le braccia, in un *pas de bourrée* minaccioso, tagliente, incontro alla rivale che dapprima la fissa interrogativa, poi accetta la muta sfida e ripete i passi veloci. Ma lei non è così rapida né precisa. Si affida sempre al movimento fluido e lento per prepararsi meglio nell'elevazione sulle mezze punte, mentre Bianca osa persino le punte, battendo sul parquet una serie di rintocchi. Le braccia si aprono, e Bianca lancia la gamba destra in avanti, e subito dopo la gamba sinistra tesa, in *jeté*: il movimento preciso, vigoroso, costringe Cynthia ad arretrare, facendola ricadere sui talloni come sgonfiata, con un'espressione di sconcerto. Bianca ora è scatenata: non le basta aver messo al suo posto la rivale scorretta, la furba ruffiana, deve sentire di avere lo spazio, come il cigno combattente che scuote le ali e solleva nubi d'acqua intorno a sé, così esegue un perfetto *fouetté en tournant*, gira a braccia aperte, una sola volta ma velocissima e precisa, come uno spruzzo di schiuma sollevato verso il cielo.

È strano come ad Art venga in mente il balletto del cigno appena varca la soglia della casa di Katia. È la nipote del direttore della scuola in cui insegna, Daniel, che un pomeriggio gliene ha parlato, forse perché in Art, che ha più o meno la sua età, l'uomo ha trovato un interlocutore giusto.

«Mia sorella ha una figlia malata di leucemia. Una ragazzina adorabile, più o meno dell'età di tua figlia», gli aveva detto. «Da alcuni mesi non va più neppure a scuola, ma i suoi professori cercano di aiutarla a non perdere l'anno scolastico, le inviano le lezioni per mail, vanno a trovarla.»

«È molto bello da parte della scuola», aveva commentato Art. Una scuola assai diversa dalle due che frequenta sua figlia, una estremamente selettiva e l'altra abbastanza chiusa nello svolgimento rigido dei programmi.

Daniel gli aveva indirizzato un sorriso imbarazzato: «Non te ne avrei parlato, se mia nipote non avesse espresso il desiderio... Insomma, vorrebbe pubblicare le sue poesie, farne un piccolo libro. Che ne pensi? Ti dispiacerebbe occupartene?».

«Per nulla, mi fa piacere darle una mano», aveva risposto Art, in tutta sincerità.

«Davvero? Alle spese di pubblicazione ci pensiamo noi, la mia famiglia insomma. Così Katia sarà contenta, e anche per mia sorella sarà una consolazione...»

Così, Art sta stringendo la mano sottilissima di Katia, nel soggiorno in penombra dove è stato introdotto dalla madre, una donna così piccola e magra che potrebbe passare per la sorella della ragazzina.

Che c'entrano i cigni, in quell'appartamento moderno, in un caseggiato di periferia? Loro, bianchi e vigorosi, battagliano sul palco per un principe, tra gli applausi. Appaiono esili e sono robusti, intaccabili come cavi d'acciaio. Mentre eterea è questa ragazzina malata, pallida, con un berretto di lana colorato calcato in testa, a nascondere la perdita dei capelli, con occhi incavati senza sopracciglia. Più che un cigno è un pulcino, al quale non cresceranno mai ali lunghe e robuste, ali taglienti per fendere l'aria.

«È vero che ha una figlia?», domanda Katia.

Art annuisce: «È più piccola di te».

«È una ballerina, giusto? Studia all'Accademia.»

«Esatto. Ne sai di cose sul suo conto», scherza Art.

«Me lo ha detto zio Daniel», spiega lei.

«Sì, immaginavo. Vuoi darmi del tu, Katia?»

«D'accordo. Lo zio mi ha raccontato che starai qui per pochi mesi, ti sei trasferito per via di tua figlia.»

Lui sorride, anche se si sente un po' contrariato dalla libertà che Daniel si è preso di raccontare i fatti suoi alla nipote. Katia sembra leggergli in faccia l'ombra di disappunto e si affretta a giustificarsi:

«Scusa se te l'ho chiesto. Ma sai, io ho una passione per il balletto. Lo adoro».

«Ah, ecco», ribatte Art sorpreso. Magari è anche questo il motivo per il quale continua a ad avere in testa la musica di Čaikovskij.

«Mi piacerebbe conoscere una vera ballerina», prosegue intanto Katia. Art ha capito e prova a tergiversare:

«Mia figlia non è una vera ballerina, sta studiando».

Katia però ribatte con fermezza: «È in Accademia, è già una ballerina. Poi si diplomerà, sarà una professionista. È come la musica o il cinema, non ti sembra?».

«Che vuoi dire?»

«Che uno recita da dilettante, poi se è bravo, se ha talento, entra in un'accademia famosa e impara meglio. Però deve avere una predisposizione, magari ha già recitato.»

«Mia figlia non ha mai ballato in teatro», ribatte lui, scioccamente. Si rende conto che, per difendere Bianca dalla curiosità, sta anche mentendo: in realtà ha danzato in pubblico, anche se in un piccolo teatro e in uno spettacolo semplice. Però sì, ha già fatto dei debutti significativi, ha dovuto dominare l'emozione di esporsi davanti a tutti, ed esibirsi in un programma da imparare, seguire e interpretare. «Voglio dire, non è mai stata in un grande spettacolo... sta imparando...», si corregge poi. Gli secca di mentire a una ragazza che oltretutto gli sta dichiarando un'ammirazione incondizionata per Bianca, senza conoscerla, senza averla mai vista. Solo perché è una ballerina.

«Va bene, se posso cercherò di fartela conoscere.»

L'espressione di Katia s'illumina: «Davvero? Sarei così felice».

«Ci provo, ma non ti prometto niente. Sai, è molto impegnata, la scuola di mattina, l'Accademia il pomeriggio, ora poi stanno allestendo uno spettacolo di fine anno...»

«Lo so», ribatte lei, che non può uscire ed è già un sollievo che possa stare in casa e non nella camera agghiacciante del reparto leucemici dove è rimasta per quattro mesi. «Ce l'hai una foto?», domanda poi.

«Come no», Art estrae il cellulare e tocca lo schermo. Intanto pensa che magari un sabato sua figlia potrebbe fare un salto qui, da Katia. Anzi, potrebbe venire con le sue amiche, in gruppo, a farle compagnia per qualche ora. Sono ragazze, si intenderebbero subito, e poi anche Katia è appassionata di danza.

Così, rientrando a casa, ha in mente di chiedere a Bianca quel piccolo favore, che poi non è un favore che farebbe a lui, ma a una ragazza e probabilmente anche a se stessa. Katia è molto dolce e gentile. Diversa dalle ballerine volitive che stazionano ormai fisse in casa sua, che spadroneggiano nel bagno e aprono liberamente il frigo, si servono i succhi di frutta, guardano i video, occupano il suo divano sgranocchiando cracker e gallette di riso, così che la sera, prima di mettersi a letto, lui deve sbattere il copridivano e spazzare per terra, se non vuole ritrovarsi il letto pieno di briciole. Un confronto con una ragazzina chiusa in casa e debole farebbe loro molto bene, per ricordare che non esistono solo le loro necessità, le loro esigenze. Che ci sono anche altri, meno fortunati, e che se si può dare un poco di sollievo, di gioia, semplicemente regalando un poco del proprio tempo, perché non farlo? Così rimugina Art, aprendo l'uscio di casa dopo una giornata che gli pesa tutta sulle spalle.

Entrando, lo colpisce il profumo soffice, dolcissimo, come quello di casa, della vera casa di famiglia, insomma. Le luci sono tutte accese, segno che sua figlia e qualche amica sono arrivate. Mentre si toglie il giaccone e conta tre giacchetti appesi sull'attaccapanni, Bianca lo chiama dalla cucina:

«Papà? Ciao!».

Pochi passi e Art la raggiunge, la faccia che si stende in un sorriso: «Che fai? Stai cucinando?».

Bianca annuisce, raggiante. «Stiamo cucinando», lo corregge. Accanto a lei, Tanya sta digitando al cellulare, Vivienne invece è appoggiata al lavandino e sta sciacquando qualcosa sotto il rubinetto aperto. Petra è seduta al tavolo imbiancato di farina. Il forno è acceso, e anche sul ripiano di cottura ci sono due pentole. Vivienne intanto passa un panno sul tavolo con un certo vigore, per liberarlo dalla farina.

«Abbiamo fatto una torta, signor papà Art», spiega Petra, che si alza e aiuta Vivienne a mettere la tovaglia.

«E anche il polpettone!», annuncia euforica Bianca, afferrando Tanya per le spalle: «È merito suo! Ha chiamato sua mamma, si è fatta dire la ricetta».

«Sì, ora mi ha scritto che deve cuocere un'oretta.»

«Brave ragazze!», si strofina le mani Art, contento. «Magari vado un attimo in bagno a sciacquarmi le mani.»

«Scusi signor papà Art. In bagno c'è Naomi», lo ferma Petra. Art resta impietrito per qualche istante: «E chi è questa? Una nuova?», sbotta.

«Ma no, papà, è una mia amica. Cioè una nostra amica», spiega Bianca con una punta di irritazione.

Sono tutte tue amiche, alleate, complici, commenta tra sé Art, con un moto d'ira, ma si limita a dire: «Scusa, scusate, ma come facciamo a cenare qui in sei? Non ci stiamo, il tavolo è per quattro al massimo!».

Le ragazze si scambiano velocemente un'occhiata. È impressionante come un'occhiata possa essere così rapida e circolare. Art si rende conto cosa significa una pattuglia addestrata: decisioni fulminee che passano di pupilla in pupilla nella frazione di un secondo. «Veramente siamo in sette, te compreso voglio dire», rivela Bianca, mentre le altre non fiatano e in cucina si ode distintamente il ronzio del forno.

Art le guarda e conta sulle dita, come un bambino, enucleando tra sé: io, Bianca, Tanya, Vivienne, quella che mi chiama papà Art e quella in bagno che già non mi ricordo più come si chiama, e poi?

Sua figlia ha seguito quel muto conteggio e gli viene in soccorso: «Lisa è in camera che sta parlando con sua mamma».

«Ah, ecco», ribatte Art, acido. «E perché non far venire anche sua mamma, allora?» Si accorge di avere alzato un poco la voce, stizzito, e che le ragazze lo stanno tutte scrutando sconcertate. Così solleva le mani in aria in segno di resa, calmandosi. «No, va bene, scusate. Sono soltanto un po' stanco, una giornata...» Non finisce la frase. Delle sue giornate snervanti a sua figlia non interessa granché, non chiede più come all'inizio, quando cercava lavoro e lei si dimostrava partecipe. Anzi, Bianca lo interrompe: «Non ti preoccupare, pensiamo noi a tutto! Tu rilassati, vai a leggere il giornale o a guardare la tele, ci organizziamo noi».

«Benissimo, vado di là, allora», arretra lui, cercando riparo sul divano. Sospira, apre il giornale, e dopo qualche istante si sente salutare: «Buonasera». Abbassa il giornale e allunga lo sguardo da sopra gli occhiali verso la ragazzina bionda, alta e sottile che lo fissa, con un gran sorriso. Tutte loro sanno sorridere in quel modo aperto e caloroso, ormai Art lo ha capito che è un sorriso da palcoscenico.

«Ah, ciao. Tu devi essere...», stava per dire "quella nuova", ma si trattiene e la ragazza gli viene in soccorso: «Naomi

Federer, piacere». Addirittura allunga una mano, in modo formale. Art non si alza dal divano, si sente proprio stanco stasera. Fa per riprendere la lettura dell'articolo, convinto che la presentazione sia conclusa e che la ragazza raggiunga le sue amiche in cucina. Invece, quella indugia.

«Scusi, signore, le spiace se le faccio una domanda?», chiede. La solita vocina flautata.

«No, certo cara. Dimmi pure.» Art riabbassa il giornale, guarda la ragazza.

«Mi ha detto Bianca che lei insegna.» Naomi fa una pausa, aspettandosi una conferma.

«Non proprio. Tengo un corso in una scuola...», sta spiegando, ma la ragazza riattacca subito a parlare: «Le spiace allora se lo chiedo a lei, che è professore, cosa vuol dire modulazione?».

Art lascia cadere il giornale sulle ginocchia. Non gli mancava che un'interrogazione alla fine della giornata. «Non sono professore», ribatte un filo seccato, poi spiega: «Comunque dipende dal contesto. Se architettonico, musicale, letterario...».

«Così tante cose?», si sorprende lei.

«Be', sì» ridacchia lui. «A che proposito lo domandi?»

«A proposito di quello che mi dice l'insegnante, che devo lavorare sulla modulazione.»

«E perché non lo chiedi alla maestra, di spiegarlo?», s'incuriosisce lui. Bianca non gli racconta più dell'Accademia, delle lezioni, di quel che succede. Il poco che sa lo ha carpito qua e là dai commenti delle ragazze in casa, ma per lo più al suo cospetto tengono la bocca cucita, si limitano ad ammiccare e a scambiarsi mute promesse di riparlarne dopo, in camera, da sole. Questo però Art lo capisce benissimo, lo accetta eccome. Faceva anche lui così, da ragazzo. Va bene, ha educato le sue figlie ad aprirsi, a raccontare con fiducia e libertà a lui e Barbara, ma sa che comunque esistono limiti, esistono linguaggi propri dei ragazzi e soprattutto esistono i segreti tra ragazze.

Naomi sgrana gli occhi, replica sorpresa: «A chi? Alla Bobulova?», poi scuote la testa. «Figuriamoci. Non le ha detto Bianca che tipo è?»

Questa risposta la conosce. «Severa, esigente.»

«Di più», ribatte lei, con l'espressione afflitta. «Terribile. Non si fanno domande, si ascolta e basta. Se una non capisce, peggio per lei. Non siamo nella scuola pubblica, dice sempre, lei non è tenuta a inculcare in teste vuote.»

«Ah», ribatte Art, a bocca spalancata. Magari una di queste sere potrebbe fare un salto all'Accademia e parlare a quattr'occhi con questa insegnante, che forse è rimasta a metodi medievali.

«Naomi, che fai? Stressi mio padre con la modulazione?» Bianca è comparsa in soggiorno, con le mani sui fianchi.

«Mi stava raccontando della tua insegnante», risponde allora lui. «Dei suoi metodi discutibili.»

Bianca indirizza un'occhiata di rimprovero all'amica, prima di avvicinarsi e ribattere: «Sì, è un po' eccessiva, è molto rigida. Però lo dicono tutti che è bravissima».

«Si può essere bravissimi e comprensivi, per esempio spiegare quel che si dice agli allievi. Si chiama insegnare», sta brontolando lui, seccato da quella difesa d'appello verso la maestra di ballo "terribile", quando gli altri professori, quelli di scuola, che pure si sforzano di essere comprensivi e accettano che lei abbia poco tempo per studiare, quelli sono bollati addirittura come "sadici".

Bianca sbuffa: «Dai papà, non fare la predica anche alla Bobulova, ora!».

«Nessuna predica, mi limito a dire che ci vuole attitudine, per insegnare. Si può essere bravissimi e non saper comunicare...», sta dicendo, ma Bianca s'innervosisce ancora di più: «Che c'entra? All'Accademia non siamo mica a scuola, nessuno deve comunicare. Si deve ballare, punto».

«E allora, questa modulazione chiesta alla tua amica?», insiste lui, polemico. Sua figlia è davvero testarda, a volte.

«Ma niente, vai a sapere», si stringe nelle spalle lei, poi si rivolge direttamente a Naomi. «Anche a me la Bobulova ha detto una volta che dovevo visualizzare. Però la cosa importante è eseguire i movimenti con precisione, ricordare bene la sequenza. Lei ti dice questa cosa della modulazione perché tu ci metta del tuo, ecco.»

L'altra annuisce, convinta e rasserenata. Art commenta tra sé che magari Bianca potrebbe venire al suo corso di grafica editoriale, qualche volta, e provare a elargire queste perle di saggezza ai suoi studenti: eseguire bene e metterci del proprio, ecco come funzionano le cose. E pensare a quanti fiumi di parole spendono gli insegnanti in spiegazioni e significati, in linee di metodo, obiettivi, motivazioni...

«Ciao Art», spunta in salotto anche Lisa, reduce dalla telefonata. Come veterana, insieme a Tanya, si sente in diritto di salutare in modo più confidenziale.

«Ciao Lisa, tutto bene a casa?», ironizza leggermente lui, ma lei non coglie la sfumatura di sarcasmo e annuisce: «Sì, grazie, tutto bene». Ed è allora che Bianca, cambiando tono, s'intromette: «A proposito, papà... Naomi può restare a dormire qui?».

«Naomi? A dormire? E perché?» Voleva dire: "dove?", ma per fortuna gli è scappato il perché. Il dove sarebbe superfluo: in camera di Bianca, con o senza Tanya, chissà.

«Perché...», un nuovo rapido scambio di occhiate e sua figlia prosegue: «Naomi preferirebbe dormire qui con me, sai, per via della modulazione, è preoccupata...».

A questo punto, Art ha la certezza di essere raggirato. Indurisce il tono, e replica: «Non se ne parla proprio. Non ne vedo il motivo. Anzi, hai avvertito a casa, Naomi?».

L'altra annuisce, a testa bassa. Bianca allora insiste: «Tanto sua mamma non c'è, dorme dal fidanzato, invece suo papà vive a...».

«Alt!», la interrompe seccamente Art, sollevando una mano. «Scusa Bianca, ma questi sono affari personali della tua amica, e non m'interessano.» Si alza dal divano, perché sprofondato laggiù gli sembra di non essere neanche preso in considerazione dalle tremende replicanti ritte in piedi davanti a lui. «Non voglio responsabilità ulteriori, insomma, dopo cena vi accompagno tutte a casa.»

«Come sarebbe, tutte? Anche Tanya?», protesta Bianca, in tono lamentoso.

«Ho detto tutte. Vi porto in taxi, ecco.»

Cade un silenzio di piombo, con le ragazze che rinculano verso la cucina, come cagnolini spaventati. È questione di poco, poi si sentono già bisbigliare e ridere. Stavolta l'oggetto delle loro risatine è di sicuro lui. Non è pentito, anzi. È il momento di mettere un limite invalicabile all'accoglienza in casa, prima che vi si trasferisca tutta la classe di danza, maestra tiranna compresa.

Poi, la tavolata in cucina è così composta: Art capotavola su una sedia, e le ragazze strette una all'altra, a mangiare in due su un unico piatto, sedute in sei su tre sedie come pappagallini sui trespoli, e come i pappagallini chiocciano e zirlano. Sembra che la bufera di prima sia rapidamente svanita, e che abbiano accettato le decisioni paterne. Così, Art arrischia la proposta che gli ronza in testa dal pomeriggio. Quando mai gli capita di nuovo di averle lì tutte e sei, in pattuglia compatta?

«Scusate, ragazze. Vorrei parlarvi di una cosa.»

«A tutte?», domanda Bianca, stupita.

«Sì, a tutte, è una cosa che mi sta a cuore.» Sulla tavolata si forma un silenzio interessato. «Si tratta di una ragazza come voi, sono stato a casa sua, oggi.»

«A far cosa?», chiede subito Bianca, curiosa.

«È una ragazzina malata, scrive poesie molto belle e io ne curerò la pubblicazione», annuncia.

«Ah!», s'illumina sua figlia. «Che bello! Bravo, papà. La mamma lo sa? Lo sa che farai un libro?»

«Aspetta Bianca, non è questo il punto», replica lui, serio. Poi ribadisce: «Katia, questa ragazza, è malata». Nessuna delle ragazze interviene. Se ne stanno zitte a fissarlo, così lui insiste: «Ha una malattia molto grave ed è stata ricoverata per molti mesi. Ora è a casa con una terapia di sostegno, sta meglio... Mi chiedevo, cioè vi chiederei, se ve la sentiste, anche tutte insieme, di andarla a trovare... le piace molto il balletto, credo che le farebbe un infinito piacere conoscere delle ballerine».

Silenzio.

Le ragazze continuano a mangiare, qualcuno riprende a ridere per la posizione scomoda, perché è mancina e interferisce con il braccio dell'altra.

«Come si chiama?», domanda infine Tanya. Art tralascia di notare che il nome lo ha già detto, anzi ripete volentieri, speranzoso: «Si chiama Katia».

Tanya annuisce e gli indirizza il sorriso da palcoscenico. Invece Bianca si alza per prendere la torta: «Non è che ci hai ripensato riguardo al taxi, papà?».

Lui aggrotta la fronte. «Cosa c'entra?».

«Cioè, in taxi si può entrare fino a quattro persone», commenta lei, ma Art replica asciutto: «Chiederò che mandino una monovolume per sei».

Lei sospira e taglia la torta un po' mestamente, con gesti studiati, serve lui per primo. Art si complimenta: il dolce è buonissimo, squisito. Però non servirà a fargli cambiare idea. Sei ballerine sono veramente troppe per un solo papà.

PARTE III

Il teatro

1.
Primavera

Anche le ballerine che stanno chiuse per ore nell'aula di danza, con la luce artificiale e il riscaldamento, ed escono alle sei e mezzo, per correre verso la metropolitana e poi infilarsi in casa, anche loro sentono che il cielo si è rischiarato, che la luce si prolunga e che l'aria s'intiepidisce di giorno in giorno. Non indossano più i giacconi pesanti, qualcuna arrischia un cappottino leggero sopra la tuta, qualcun'altra ha deciso che la tuta non la indossa più, per venire in Accademia. Non le va di passare per un'olimpionica, con la divisa e le scarpe da ginnastica ai piedi, e indossa jeans e ballerine. C'è poi chi ha deciso che è giunto il momento di abbandonare l'abbigliamento penitenziale e arriva ticchettando per il corridoio, con un bellissimo giacchetto rosso rubino, nuovo di zecca, e una sciarpa a righe in tinta, jeans azzurri e stivaletti con un filo di tacco. Chi, se non Cynthia?

«Visto? È arrivata la Carmen», sibila Vivienne.

«Chi è la Carmen?», domanda Tanya, pensando a qualche personaggio televisivo.

«Ma come, chi è? È la protagonista di un balletto, dai… la spagnola provocante, che fa innamorare tutti e alla fine è ammazzata da un ufficiale che aveva lasciato», si sbriga a riassumere Vivienne.

«Sicché è un complimento», ribatte Tanya, sorpresa, mentre l'altra si acciglia: «Scusa, eh, ma l'ho detto in modo ironico, proprio perché è così che quella si sente, la regina del flamenco».

«Però quel giubbino è un amore», non può fare a meno di commentare Lisa, accanto a lei. Ma, prima che Vivienne la fulmini con un'occhiata truce, osserva: «Certo, doveva proprio mettercelo per venire qui, a farci sbavare?».

«Io non sbavo affatto», ribatte Bianca, severa. «E smettete di fissarla come se fosse una regina, è proprio quello che vuole.»

«Ma il flamenco, cos'è?», chiede Tanya, perplessa, ma nessuno le risponde. Il gruppo si è ammutolito al passaggio di Cynthia, diretta al suo armadietto. Indirizza loro un sorriso perfido. «Ciao suorine. Come va?»

«Suorina lo dici a tua sorella», s'infiamma Vivienne. L'altra però non si scompone, anzi. Sembra molto contenta di avere l'occasione per annunciare:

«Mia sorella, per tua informazione, è fashion model».

«Oh, uaaauuu», commentano le ragazze in tono e gesti esagerati, portandosi chi le mani sul petto, chi sulla fronte.

«Sì, è proprio quello che fanno tutti intorno a lei», ribatte lei, calma. Allora Bianca lancia una stoccata:

«Chissà che nervi per te che sei solo una studentessa di danza».

Cynthia le scocca un'occhiatina superiore. «Anche Mabel ha studiato danza per tre anni, le è servita per avere un portamento perfetto e una figura da urlo.»

«Ora si capisce perché studiare non t'interessa», attacca ancora Bianca.

Cynthia si volta di scatto verso di lei, sulla faccia il sorriso è scomparso. «Ballare è la mia vita. Sei tu che sei soltanto una sgobbona, ti sforzi, che pena.»

«Tu invece sei una ruffiana!», interviene allora Vivienne, sporgendosi in avanti, come se volesse aggredirla. Le sue amiche l'afferrano in fretta per le spalle, e Lisa la trascina lontano, perché non straripi.

«Ma stai calma!», le sussurra. «Vuoi cacciarti in un guaio per quella stupida?»

Anche Tanya si è allontanata con loro, così la schermaglia prosegue tra le sole Bianca e Cynthia. Che scrolla le spalle e si dipinge un sorrisetto sulla faccia, nel vedere come basta poco a far saltare i nervi a Vivienne.

«Bell'amica che hai», commenta, infatti. «Quella non reggerà nessun esame al mondo. Non ha controllo di sé.»

«Almeno io ho qualche amica, a te non si avvicina nessuna», replica Bianca, ma sente di non avere mai la risposta giusta, la stoccata ferma e micidiale che ci vorrebbe.

«Non il genere di tizie che stanno con te, tutte perdenti.»

«Questo è tutto da vedersi.»

«Si è già visto. A tutte voi manca la grazia, ma d'altra parte non c'è nulla da fare: se uno è rospo non diventa libellula.»

Bianca impallidisce. A malapena riesce a replicare: «Finirai come tua sorella, una ballerina fallita! Farai la modella, così potrai fare la smorfiosa quanto vuoi!». Ha alzato la voce, così qualche altra ragazza, poco lontano nello spogliatoio, si volta a guardare incuriosita le due che si fronteggiano davanti agli armadietti.

«Almeno, io potrò scegliere tra ballerina e modella, non è poco», stocca per ultima Cynthia, con un sorriso sciabolante. Fa sbattere l'anta dell'armadietto con uno schiocco che sembra tappare la bocca all'avversaria, poi si dirige impettita verso i bagni, fendendo come una diva il piccolo assembramento di compagne che hanno assistito all'ultima parte del match verbale e che ora si stringono nelle spalle:

«Il solito litigio tra Bianca e Cynthia».

«Quelle prima o poi si strozzano a vicenda.»

I commenti si perdono nel confabulare dello spogliatoio, dove c'è chi prende le difese di Cynthia, che è tanto carina e dolce, e chi invece critica entrambe: «Sono delle esaltate». Bianca ha già il suo drappello di amiche che parteggiano per lei incondizionatamente. La circondano sgranando gli occhi l'una verso l'altra, spalancando le bocche e commentano scandalizzate:

«Ma come si permette… Cosa ha detto? Ma vi rendete conto?... È incredibile… È una villana».

Bianca, frustrata e furiosa, gira le spalle ed esce dallo spogliatoio a lunghi passi. In quello scambio di stilettate ha avuto la peggio, che stupida a sfidare la rivale a parole, come due paesane che si apostrofano in piazza. Che livello, poi. La modella, la bella, la rospa, la brutta. In aula deve sfidarla, sul palco, casomai, quando sarà il momento. Allora si vedrà chi è la brava, la capace, l'autentica. Nella danza non si può barare.

Come mai, mentre così rimugina e si sfoga, la vista si è annebbiata? Ah, no. Non vale proprio la pena piangere. Se la vedesse la Bobulova? Via, via, corre nel bagno in fondo al corridoio a sciacquarsi e nello specchio osserva la sua faccia arrossata, i capelli elettrizzati che le creano un bruttissimo alone sulla fronte, e gli occhi sprofondati nelle orbite, come se la faccia fosse quella di un teschio arrossato. Che brutta immagine, sarà anche questo schifo di luce che piove dal soffitto e scava solchi di ombre malefiche sotto le palpebre, intorno alla bocca. Va bene, Bianca lo sa da sola di non essere questa gran bellezza, ma non vorrebbe nemmeno esserlo: le belle sono sempre vanitose e la vanità porta alla demenza. Bianca è carina, ha occhi luminosi, capelli soffici, lunghi e foltissimi, lucidi, che tutte le amiche le ammirano. Quando li porta sciolti sulle spalle, la faccia sembra respirare di sollievo, si ammorbidisce, è come se con i capelli si spandesse sulle guance e sulla fronte una patina di velluto. Persino le labbra si riempiono un po'.

Comunque, se sta lì a compatirsi e a giudicarsi, significa che Cynthia ha un enorme vantaggio, che sa dove e come colpire. Invece, che Bianca la accusi di non essere brava, non sembra farle alcun effetto: ha dalla sua parte Heléna, cosa le importa del giudizio di una compagna, o anche dell'intera classe?

Bianca raddrizza le spalle, solleva il mento. Heléna, ma la Bobulova non l'ha incantata, Cynthia la bella, con le sue moine. Per la maestra non vale incanto ma convinzione.

Esce impettita dai bagni, con la faccia ancora in fiamme e s'imbatte nella classe di maschi del piano superiore. Dio, che figura, pensa, ma non arretra di un passo, anzi, procede a mento alto, fissando un punto avanti a sé, come durante gli esercizi. Loro, i maschi, si vedono raramente per i corridoi: stanno di sopra, separati, e addirittura le pause sono sfasate, proprio per evitare che i gruppi s'incontrino, si mescolino, e chissà quale caos succeda.

In Accademia è tutto programmato, organizzato per non perdere il preziosissimo tempo a disposizione per lo studio: dieci minuti di pausa, e se non si è in aula allo scoccare del termine, al suono della campanella, si rischia l'espulsione. Almeno, con la Bobulova è così. Raramente si può uscire dalla stanza, per andare in bagno per esempio. Bisogna avere un motivo molto grave, un disturbo che ti piega in due, e spesso vai al bagno accompagnata da una custode. A meno che tu non abbia una febbre improvvisa, uno svenimento (è capitato, una volta), e allora vai diritta in infermeria, dove ti sdraiano sul lettino, ti misurano la pressione, ti apportano le prime cure mentre avvertono la tua famiglia o chi ti ospita, e a volte ti ricoverano proprio. È successo a una di loro, un mese prima circa: si è sentita male, si è accasciata senza un gemito, come un fiore di colpo afflosciato a terra. La Bobulova non l'ha neppure guardata, si è diretta subito fuori ed è rientrata dopo pochi istanti, seguita da un paio di custodi con la lettiga. Intanto, Heléna si è precipitata accanto alla ragazza, ma per impedire alle altre di toccarla o di voltarla. Come un soldato, fredda e severa si è accucciata accanto a lei, le ha preso il polso e ha fatto partire il cronometro dell'orologio. La dottoressa è accorsa mentre i custodi sistemavano la ragazza sulla lettiga con gesti esperti, da infermieri, senza proferire parola. Ha posato lo stetoscopio sul petto dopo che Heléna le riferiva il numero dei battiti, da quanto tempo era immobile, com'era caduta, come si chiamava e quanti anni aveva. Sembrava di assistere a una puntata di una serie Tv americana, ma appena la compagna è stata portata fuori, esanime, sulla lettiga, la maestra ha battuto due volte le mani per ricominciare la lezione come se non fosse successo niente.

Cos'era successo davvero, poi, non si è mai saputo. Perché un'altra caratteristica dell'Accademia è che le notizie riguardanti maestre e allieve, le malattie o i guai, le defezioni, le sostituzioni non si divulgano, e casomai trapelano per sentito dire, per chiacchiere che non si sa quanto siano vere, mai ufficiali, mai riferite per esempio da un'insegnante. La Bobulova non ha mai parlato in aula come avrebbero potuto fare la maestra Laura o un'insegnante a scuola, riferendo: «Sapete, la vostra compagna ha una brutta influenza… la varicella, la broncopolmonite…». Niente di tutto questo. Come nei concorsi, è stata eliminata, ma almeno lì si sa perché, c'è un giudizio del pubblico o degli esaminatori. Qui è più simile alla PlayStation: sparita con una folgorata laser, mentre le altre vanno avanti, cercando di evitare trabocchetti, cadute, crampi, malori oppure folgori invisibili.

I maschi rumoreggiano, passandole accanto. Ridono, commentano, mentre il custode che li accompagna intima il silenzio. Bianca cammina spedita, a mento alto, ma qualche occhiata di sguincio la getta, non può farne a meno. Sono ragazzi così diversi dai compagni di classe, quelli che vede tutte le mattine, anzi, che si cura di evitare la mattina: anche loro fanno gruppo a parte, senza però che ci sia una divisione imposta, come in Accademia. Se ne stanno tra maschi perché devono avvinghiarsi, infastidirsi, sghignazzare e correre per i corridoi durante la ricreazione, parlare di calcio, scambiarsi figurine, guardare i giochetti sullo schermo del cellulare.

Questi invece sono ballerini. Benché intruppati, hanno un passo elastico e leggero, una postura drittissima, a spalle aperte, e sembrano tanto più alti e robusti rispetto a lei. Eppure, sono quelli delle prime classi: gli altri, i grandi, studiano la mattina come farà anche lei il prossimo anno, quando andrà alle scuole superiori. Dunque, questo branco di maschi, rispetto a quelli di scuola che non meritano la sua attenzione, gli incute un poco di timore e addirittura di batticuore. Coglie distintamente il commento: «Carina». Il cuore allora sì che accelera: chi l'avrà detto? Chi, tra questi ragazzi che ridono e si danno qualche pacca sulla testa di nascosto dal custode che li guida e li rimprovera? Chi, in questo branco che lascia un odore pungente nell'aria, un odore così diverso da quello del sudore, del deodorante e delle creme idratanti che ristagna nell'aula di danza delle ragazze? Non sarà per caso quello con i capelli un po' lunghi sulle spalle, ricci e morbidi? Quello che ha individuato in un battito di ciglia, mentre il gruppo scompariva dalla sua vista e lei si affrettava verso l'aula, con la faccia ancor più in fiamme, il respiro rotto e un aspetto per nulla piacevole, eppure giudicato da lui esattamente come vuole essere vista e apprezzata lei, cioè "carina"?

2.
Innamoramenti

All'uscita dell'Accademia, Bianca si guarda attorno, mentre le sue amiche le chiedono: «Qual è?».

Ha parlato loro del ragazzo che ha incrociato in corridoio, già sicura che sia "bellissimo", e che l'abbia guardata e giudicata "carina". Le sue amiche sono ancora più eccitate di lei. Avviandosi verso il portone, quando anche le classi maschili si riversano fuori, puntano come una muta di cani la volpe nascosta in mezzo ai ballerini: quello bello, quello che piace a Bianca, quello a cui Bianca piace.

Ma Bianca, benché giri la testa di qua e di là come una banderuola, non lo vede, finché non gli sembra di riconoscerlo laggiù, allora arrossisce, balbetta: «È lui!», e subito dopo: «Non guardate da quella parte!», mentre le amiche pencolano sugli scalini, aguzzano la vista, Vivienne addirittura con la mano sulla fronte come uno scout pellerossa. «Ma chi? Quale? Il biondo? Il bruno? Quello alto?»

Nel frattempo, Lisa bisbiglia: «Non sarà quello là? Quello è strabello, ragazze».

«Non è lui», scuote la testa Bianca, e l'altra sembra sollevata: «No? Allora vi saluto, io provo a seguirlo, ci scambio due parole».

«Ma sei matta?», strillano Vivienne e Tanya, sgranando gli occhi.

«No, no. Io vado, ci sentiamo dopo», le saluta Lisa, affrettandosi dietro al ragazzo che, inconsapevole, si sta dirigendo verso la fermata della metro, tutto solo.

«Eccolo!», prorompe intanto Petra, con l'indice puntato dall'altra parte della strada.

«Ma come fai a sapere chi…?» Bianca non conclude la domanda, vedendo entrare nel suo raggio visivo suo padre. «Che ci fa, qui, lui?», sbotta, contrariata.

È una delle rarissime volte in cui Art è passato dall'Accademia a prendere sua figlia. Succedeva soprattutto all'inizio, quando voleva essere sicuro che Bianca salisse sul tram giusto, e scendesse alla fermata vicina a casa. Poi, con il lavoro e tutto il resto, Art non è più riuscito a passare. Oltretutto, Bianca può contare sulla compagnia quasi fissa delle amiche. Ma oggi, nel tardo pomeriggio tiepido, con il cielo che trascolora e sembra che siano le quattro e non le sei e mezzo, è molto strano vedere papà in piedi dall'altra parte della strada, con le mani tuffate nelle tasche del giaccone troppo pesante. Sembra una spia uscita da un vecchio film, piantato lì a guardare i ragazzi uscire dal portone, attardarsi a chiacchierare o allontanarsi a coppie o in sella alle biciclette che da qualche giorno hanno fatto la loro apparizione nella rastrelliera davanti all'Accademia.

Bianca saluta le amiche e si dirige di malavoglia verso Art, ma a pochi passi gli indirizza un bel sorriso. «Papà? Che bella sorpresa! Come mai sei venuto a prendermi?»

«Avevo voglia di fare due passi con te», fa lui, con una strana voce.

«Non è che è successo qualcosa, vero papà?», domanda Bianca, preoccupata.

Art la fissa per qualche istante: sua figlia ha proprio le antennine da strega!

Perché qualcosa è successo eccome.

A scuola, un'ora prima, era nella saletta della segreteria, dove tirava un'aria euforica. Due insegnanti avevano annunciato che si sarebbero sposati. Si erano conosciuti proprio lì, nell'accademia di arte e design, dunque bisognava festeggiare. Si era improvvisato un brindisi a base di acqua e caffè, qualcuno aveva tirato fuori un regalo fatto là per là: una caricatura degli sposi. Qualcun altro aveva proposto un vero drink al bar vicino, quando mai per un matrimonio si brinda con caffè e tè della macchinetta? Art non se l'era sentita di rifiutare, benché fosse il più vecchio del gruppo. La tizia che insegna fumetto lo aveva preso sotto braccio, dicendo:

«Via, Art, stavolta non fare l'orso! È un matrimonio!».

Lui aveva pensato in fretta che la spesa l'aveva fatta il giorno precedente, e sua figlia prima delle sette e un quarto non era mai a casa. Insomma, si era avviato con quella ragazza sotto braccio verso il famoso bar, ma, quando era arrivato nel locale, aveva scoperto che il gruppo si era disperso per strada come i grani di una collana rotta e che dentro il bar, seduti al tavolo di una saletta appartata, non c'erano che lui e l'insegnante di fumetto, Gabi. Lei però non sembrava né seccata né sconcertata per il comportamento degli altri che se l'erano squagliata, anzi: «Meglio così, non ti pare? Staremo più tranquilli, faremo due chiacchiere in santa pace», aveva esordito. Ad Art queste parole erano suonate vagamente minacciose.

«Strano, però», aveva insistito, continuando a guardarsi intorno come sperasse che da un momento all'altro spuntasse qualche collega smarrito, o che magari tutti insieme entrassero nel bar, con un bel "buuu!", come si fa con i bambini. Invece, niente. Gabi lo fissava, con un sorriso che gli aumentava il disagio, eppure non se la sentiva di girare i tacchi e andarsene: non era un ragazzino, dopotutto, poteva benissimo bere un aperitivo e salutare educatamente.

«Sono contenta che possiamo scambiare qualche parola a quattr'occhi», aveva aggiunto in tono dolce la donna, abbassando la voce. Lo guardava da sotto la frangetta di capelli neri e lisci, con uno sguardo languido: anche uno scemo avrebbe capito che lo stava apertamente corteggiando.

Art però era deciso a recitare la parte dello scemo fino in fondo: avrebbe finto di non capire e, dopo un tempo sufficiente, diciamo dieci minuti, per non passare da maleducato, l'avrebbe salutata. Questo era il piano.

Però anche lei aveva un piano. «Sai Art, ti ho puntato fin dal primo momento che ti ho visto arrivare.»

Puntato? Le sopracciglia di Art erano schizzate in cima alla fronte. «Temo di non aver capito» aveva sorriso, imbarazzato.

«Ma come non hai capito?», rideva lei, rovesciando indietro la testa. A questo punto, Art aveva notato un tatuaggio sul collo, una specie di coda di sirena o di drago che spuntava dalle profondità della schiena. «Più chiara di così! Mi piaci, del resto non sarò la prima a dirtelo, sei un uomo affascinante.»

Art la fissava, incredulo, vagamente disperato. «Grazie per il complimento, ma io non credo che sia il caso, non penso...» Si era impappinato, l'occhio gli tornava alla coda tatuata sul collo, che a momenti si vedeva a momenti spariva. E aveva la visione di un drago che snodava le sue spire lungo la schiena di Gabi, chissà dove spalancando le fauci con le fiamme. Intanto, lei commentava spietata:

«Ma sei arrossito! Sei proprio tenero!».

A questo punto, Art si era accigliato. Aveva bevuto un sorso dell'aperitivo, tanto per riprendere fiato e controllo.

«Non ti ho offeso, vero? Del resto, un uomo che si prende così cura di sua figlia è una persona molto amorevole e tenera...», stava continuando lei, in tono più affettuoso.

«Scusa, Gabi», l'aveva interrotta lui. «Credo che ci sia un fraintendimento.»

«Che vuoi dire?», lei continuava a sorridere.

«Credo che tu abbia sbagliato persona, io sono sposato.»

Anziché incupirsi, la donna si era messa di nuovo a ridere. La coda biforcuta era riapparsa sul collo, proprio dietro l'orecchio destro. Doveva aver bevuto anche prima di sedersi al bar, sembrava così su di giri! «Anch'io sono sposata. O meglio, convivente. Ho un compagno, come tutti.»

«Come sarebbe, come tutti?» Art sembrava di nuovo confuso. Gli sembrava che nel locale facesse un gran caldo, e si sarebbe volentieri tolto la giacca, se non fosse stato un gesto troppo azzardato, forse ambiguo: era pronto a spogliarsi?

«Ma sì, Art. Chi vive solo? Nessuno. Soltanto un pazzo o una pazza», stava pontificando lei, allegra. Intanto sorseggiava il vino e accavallava le gambe, rilassatissima. Art invece si sentiva impalato nella sedia, con la schiena sudata.

«Bene, come sai io vivo con mia figlia», aveva ribattuto, asciutto.

«Una ragazza fantastica, vero? Di grande talento.»

Nel sentire questi complimenti, aveva concesso un sorriso tirato: «Lo spero. Sta studiando all'Accademia, ed è per questa ragione che sono qui, lontano da mia moglie e dall'altra bambina.»

«Be', certo. Lo capisco. Ti mancano, vero? Ma questo non significa che tu debba condurre un'esistenza da monaco.»

Art sentiva la camicia inzupparsi sotto le ascelle, e un po' anche sulla pancia. Che tormento. Avrebbe voluto alzarsi di scatto e uscire, prendere una bella boccata d'aria e andarsene di filato a casa, a farsi una doccia. «Gabi, credo che tu abbia sbagliato tipo. Io non ho tempo...», aveva iniziato, cercando di mantenere un tono educato. In fondo, si trattava di una persona che avrebbe incontrato altre volte, doveva pur conservare un rapporto civile, formale.

«Lo capisco, ma ora, per esempio, un po' di tempo lo abbiamo, non ti sembra? Rilassati, Art, non ti voglio mica mangiare!» E aveva allungato una mano per sfiorare quella di lui. Istintivamente, Art si era voltato: se qualcuno li stava guardando? I famosi colleghi spariti, per esempio? O qualche genitore delle ragazze dell'Accademia?

A questo punto, non gli restava che battere in ritirata, così aveva raccolto il giaccone dalla sedia e aveva annunciato: «Devo andare, tu resta pure se vuoi. Pago io, sei mia ospite».

«Nemmeno per sogno, ti ho invitato io», aveva replicato lei, senza scomporsi.

«No, no. Insisto.»

«Ho già fatto cenno al cameriere», aveva ribattuto lei. Poi gli aveva afferrato la mano, mentre stava già per andare. «Art, pensaci. Se vuoi uscire una sera, se hai bisogno di un po' di compagnia, chiamami pure.»

«Come? Sì, ah, certo. Grazie mille, ora vado, eh. Ciao», e si era fiondato fuori, respirando finalmente a pieni polmoni. Aveva camminato in fretta, sentendo l'aria fresca sul viso che forse era in fiamme. Dio mio, si era comportato come un ragazzino: aveva balbettato, era arrossito e non aveva spiegato niente! Anzi, aveva lasciato anche una remota possibilità, senza dire, come avrebbe invece voluto: «Lascia perdere Gabi, non è proprio il caso».

Perché gli dispiaceva per lei, per una giovane donna, pure carina, che si era proposta così spudoratamente, a lui, un padre di famiglia! E gli aveva anche fatto i complimenti: affascinante, tenero, lo aveva puntato… No, no, non doveva sentirsi lusingato, che sciocchezza. Aveva estratto il cellulare e chiamato sua moglie.

«Ciao, che succede?», aveva esordito un po' brusca Barbara.

«Niente, volevo salutarti.»

«Come mai ora? Non ci possiamo sentire più tardi? Scusa, ma sono qui in piscina con Micol, una confusione, devo ancora asciugarle i capelli.»

«D'accordo, a dopo.» Art aveva spento, ma già la voce della moglie e l'immagine di lei che teneva Micol avvolta nell'accappatoio di spugna lo avevano riscosso, consolato. Sarà meglio che vada a prendere mia figlia a scuola, si era detto.

«Insomma papà, cos'è successo?», gli sta chiedendo Bianca, preoccupata per la sua aria assorta e confusa.

«A scuola un collega è andato in pensione, mi è venuta una botta di tristezza», racconta, di getto.

«Ma tu sei ancora giovane, papà», lo rassicura lei, battendogli una pacca sulla schiena. Che è ancora umidiccia e gli dà un senso di gelo.

«Be', proprio giovane no… Qualcuna mi trova ancora affascinante, però», sta rivelando lui.

«Certo. La mamma», risponde Bianca, con ovvietà.

«Sabato andiamo a casa?», chiede Art, speranzoso. Sempre più spesso, Bianca si mostra contrariata ad affrontare il viaggio, che le crea malumore al ritorno e le rende molto faticoso riprendere le lezioni il lunedì.

«Uhmm, papà… dobbiamo proprio?»

Ha già messo su un po' di broncio. Perché magari di qui a sabato potrebbe incontrare il suo ballerino preferito, e trovare un modo per invitarlo, magari uscirci insieme… Ma come si fa a conoscere qualcuno che si è soltanto visto di sfuggita? E invitarlo, poi? Bisogna che ne parli con le sue amiche, ma Bianca si accorge che nella fretta di andare via con papà si è lasciata dietro il suo gruppo: Tanya, Petra, Vivienne, Naomi dove sono? Mentre sale sul tram, digita in fretta messaggi a tutta la tribù: dove sei, che fine hai fatto? Scopre che un paio sono in gelateria, un'altra è andata a casa, una è in un negozio di accessori per i capelli. Sembra che l'arrivo di Art le abbia sorprese, e che abbiano pensato a qualche problema familiare. Quanto a Lisa, non risponde proprio. Che le sia andata bene, con il tizio che ha seguito?

Arrivata a casa, Bianca si sente sola e s'immusonisce. La casa sembra un mortorio, gli inesorabili compiti l'aspettano. Che papà fischietti in cucina preparando la cena le dà sui nervi, così si chiude in bagno a fare la doccia, e tra i vapori le sembra di vedere formarsi la parola "carina".

3.
Incomprensioni

«Mi spiace, ma sua figlia è proprio un mezzo disastro.» L'insegnante di Bianca sospira, dopo aver emesso la sentenza. Ha l'espressione contrita di chi è costretto a portare un annuncio sgradito, e cerca di stemperarlo con un poco di partecipazione. «Non soltanto non studia, ma si scatena in classe e fuori, sembra che abbia l'argento vivo addosso. Non riesce neppure a stare ferma nel banco, è già una fatica riuscire a tenerla seduta.»

Art stringe le dita intrecciate sul ripiano della scrivania. Che sarebbe stato difficile, lo immaginava, ma non fino a questo punto. Bianca da studentessa svogliata si è trasformata in una ribelle, la scatenata capobanda di un gruppetto di ragazzine irrequiete e dispettose, confusionarie, indisciplinate.

«Mi sta dicendo che Bianca è una specie di... bulla?», domanda Art, sgomento.

La professoressa rilassa un poco i lineamenti. «No, non esattamente. Non tormenta i compagni, non è questo il profilo.»

Art respira di sollievo: «Non ci mancherebbe che questo. Stento già a pensare a Bianca come una ragazza scatenata. In accademia è così ligia...».

«È questo, credo, il punto. Sopportano tale disciplina e rigore nella danza che hanno bisogno di sfogarsi, e qui si sfogano.» Aggrotta la fronte l'insegnante, poi osserva, scuotendo la testa: «La scuola non ha nessuna importanza per loro, sono convinte che basti ballare, nella vita».

Anche Art scuote la testa, di rimando. Ha assunto un'espressione di rammarico. Gli sembra di essere un medico al capezzale di un malato gravissimo, solo che il malato è sua figlia e la malattia, che sembra irrecuperabile, è l'insipienza. Manca meno di un mese alla fine della scuola e Bianca rischia addirittura di essere respinta.

«Lei ci crede che anch'io non faccio che ripeterle l'importanza di studiare, di approfondire? Che può esserle di grande sostegno anche nella danza?», chiede, costernato.

La professoressa annuisce. «Però lei deve prendere in mano la situazione. Bisogna che aiuti la ragazza a concludere l'anno scolastico almeno con la sufficienza... e a superare l'esame decentemente. Ripetere l'anno non le servirà a nulla, anzi...»

Art continua ad annuire con una certa foga, quasi pregasse davanti al Muro del Pianto.

«Ora poi, che è innamorata…», butta lì la professoressa, e Art si blocca, sollevando le sopracciglia.

«Come sarebbe: innamorata?»

«Non se n'è accorto? A quest'età certo non lo vengono a dire a noi», ribatte l'insegnante con una certa aria saputa. Art però non apprezza quest'ironia: perché poi quel "noi"? Che una ragazza nasconda ai professori una sua predilezione è più che naturale, ma lui è il papà, e Bianca gli ha sempre detto tutto!

«Si tratta di un compagno di classe?», s'informa, vagamente seccato.

«Ma no, figuriamoci!», sbotta la donna, ridacchiando. «I miei ragazzi, Bianca non li vede nemmeno. Anzi. Se qualcuno prova anche solo ad avvicinarsi o a provocarla, si comporta come un gatto: soffia e tira fuori le unghie. I miei ragazzi la temono, creda a me. Ha idea? Bianca fa le gare di corsa in corridoio, salta, strilla, butta i libri in cortile, tiene testa a tutti.»

«Ah», boccheggia Art, che non riesce nemmeno a figurarsi sua figlia in veste di una simile indemoniata.

«Si tratta sicuramente di un ballerino, qualcuno dell'Accademia», prosegue la prof, rimettendosi gli occhiali da vista con un'espressione soddisfatta di sé.

«Come fa a esserne così sicura?», insiste Art, cercando di controllare l'irritazione. Ma la donna lo fissa negli occhi.

«Sono trent'anni che insegno. Si fidi.»

Ma certo che si fida, Art. Sono gli altri che sembra non si fidino più di lui. Non fa che ricevere colpi inaspettati, e come un pugile bisogna che migliori la capacità di schivarne almeno una parte, se non vuole finire presto al tappeto. Come ha rischiato di fare qualche giorno fa, con la visita del papà di Naomi, uno nettamente fuori di testa. Ma sono così tutti i genitori delle ballerine? Quindi probabilmente anche lui? Fatto sta che quel tizio lo aspettava fuori dell'appartamento, ed era uscito da un macchinone tipo Panzer, per di più con i vetri schermati, per apostrofarlo senza complimenti:

«È lei Art?» E lo aveva squadrato da capo a piedi.

Art si era fermato a qualche metro, aggrottando la fronte. «Scusi, lei chi è?»

«Sono Tobias Marini, il papà di Naomi», si era finalmente presentato quello, senza togliersi gli occhiali scuri e senza sorridere, figurarsi tendere la mano per un saluto formale. Anche Art era rimasto con le braccia lungo i fianchi, ma si era raddrizzato, incurante del peso della borsa zeppa di compiti che finora lo aveva costretto a stare un po' chinato sul fianco sinistro. La tracolla sembrava scavargli un solco nella spalla destra.

«Buonasera», aveva risposto cauto Art. «Perché è qui?»

«Senta, sono venuto fin qui apposta per vederla in faccia», aveva ribattuto l'altro, in tono aggressivo. «Volevo vedere questo famoso papà che vive con sua figlia...» Sulla faccia si era dipinto una specie di ghigno.

Art era rimasto immobile, accigliato. «Dunque?»

L'uomo si era impettito. Era più alto di Art, quasi il doppio di lui come stazza e aveva assunto la postura del gorilla che sta per battersi i pugni sul petto. A mento sollevato, aveva sibilato: «Il problema è quando in casa entrano altre ragazzine, come mia figlia».

Art lo fissava. «Quale problema?»

«Fa finta di non capire? Il problema è lei.» Gli aveva puntato contro un indice, come una pistola. «Mia figlia dice che alcune fanno la doccia, si cambiano in camera e qualcuna dorme lì. Io la avverto: ci sono gli estremi per una denuncia.»

Art aveva sentito il sangue defluire dal viso. Era rimasto senza fiato: un'insinuazione del genere era spaventosa. Stava per aprire bocca per urlare, quando la cartella gli era scivolata dalla spalla: aveva fatto appena in tempo ad afferrarla prima che piombasse a terra disseminando le tavole illustrate sul marciapiede. Quel movimento gli aveva permesso di reagire con meno impulsività. «Cosa vuole insinuare? Stia molto attento a quel che dice. Io non la conosco, non so chi sia, ho sempre parlato con la sua ex moglie...»

L'uomo lo aveva interrotto: «Quella se ne frega di Naomi! Se anche finisce in mano a un maniaco...».

A quel punto Art aveva alzato la voce: «Come? Lei è pazzo. Non ho niente da nascondere, io! Se ne vada subito o chiamo la polizia».

L'altro allora si era tolto gli occhiali scuri, anzi, se li era quasi strappati dalla faccia, rivelando due minacciosi occhietti chiarissimi. «Io invece la polizia non la chiamo. Se fai entrare di nuovo Naomi a casa tua, ti spacco la faccia, chiaro?»

Benché gli sembrasse di sentire nelle orecchie la voce di Barbara: «Per favore non reagire, questo è matto», Art non aveva potuto fare a meno di ribattere: «Guardi che la denuncia la faccio io, per minacce e aggressione».

Qualche passante si stava voltando a guardarli, perciò l'altro aveva deciso di arretrare verso la macchina. Aveva sfoderato di nuovo l'indice, puntandoglielo contro, mentre apriva la portiera del Panzer nero. «Vado via o la faccia te la spacco subito!»

Art aveva lasciato cadere la borsa a terra con un tonfo e aveva alzato una mano, sventolando a sua volta l'indice: «Sparisci, e guai a te se torni!».

Ormai qualcuno si era fermato a osservare la scena, interdetto. Marini era salito in auto e partito a razzo, mentre Art, con il cuore in tumulto, gli gridava dietro: «Idiota!». Ma poi, raccogliendo la borsa che per fortuna non si era aperta e non aveva fatto cadere i fogli, si era dato dell'ingenuo, dell'incosciente e del cretino. Bella riconoscenza otteneva, a ospitare le amiche della figlia! Tremante di rabbia, mentre saliva le scale aveva giurato a se stesso che quelle ragazze in casa non le avrebbe volute mai più, neanche morto, che poi è come più o meno rischiava di ritrovarsi con simili delinquenti.

E adesso, appena tre giorni dopo la scenata in strada che si è guardato bene dal raccontare a sua figlia per non turbarla, ecco un'altra mazzata insospettabile. Superato il primo momento di rabbia e sconforto, non se l'è sentita d'impedire a Bianca di vedere le sue amiche dopo la scuola. Certo, in questi pochi giorni, Naomi non è mai venuta da loro, chissà se il padre le ha detto qualcosa: non sarà certo Art a indagare. Perché darla vinta a quel delinquente? Ma ora le cose si sono complicate, sua figlia non si regge più, bisogna che si rimetta in riga, che smetta di fare la capobanda in classe e chiuda l'anno dignitosamente. E dire che Art si illudeva che si fosse data una regolata da sola: spesso ora Bianca rientra a casa senza compagnia e cenano loro due soli come i primi tempi. Poi si ritira presto in camera, con la scusa di studiare, e chissà invece cosa fa? Art ringrazia il cielo di non aver mai ceduto il suo portatile né di averne comprato uno, anche di seconda mano, per uso esclusivo di una ragazzina che passerebbe tutto il tempo a inviare scemenze a destra e a manca, magari a questo misterioso innamorato che spunta fuori all'improvviso, oltretutto da un colloquio con la prof! Ma quanti segreti nasconde sua figlia?

Appena si siede a tavola, Bianca gli appare quella di sempre: serena, sorridente, gentile, con la sua faccetta ovale come una mandorla, bianca e luminosa, davvero non riesce a immaginarla monella, eppure...

«Sono stato a parlare con la tua professoressa, oggi», annuncia, un po' grave.

L'espressione della figlia si rabbuia. «Ah, già. Che ti ha detto?»

Ora Art si spazientisce. Il tono si fa ancora più severo. «Dovresti saperlo meglio di me. Non capisco perché continui a fingere che vada tutto bene. Rischi di essere bocciata e lo sai.»

Bianca smette di mangiare, come se quella sentenza l'avesse annichilita. Art si sente stringere lo stomaco, ma deve proseguire con l'odiosa ramanzina. «Non fare finta che sia una brutta sorpresa. La tua insegnante ti ha avvertito decine di volte, oltretutto mi dice che tieni un comportamento poco consono, che sei sempre disattenta, impreparata e che fai una gran confusione fuori e dentro la classe. È vero?»

Bianca solleva il mento, con aria di sfida: «No!».

Art la fissa sconcertato, a occhi spalancati: «Vuoi dire che la professoressa mente?».

«No, non dico questo. Però ha esagerato, ecco», protesta lei, con voce stridula. I lineamenti si sono induriti, e mostrano un po' la maschera della piccola diavoletta descritta dalla prof.

«In che senso ha esagerato?»

«Non è vero che sono sempre disattenta, a volte partecipo e rispondo bene, e poi ho preso anche un sette in storia.»

Art solleva gli occhi al cielo: «Ah, già! Lo so come funziona: hai preso un sette due settimane fa e su quello ti sei seduta, convinta di non aver più bisogno di studiare. Invece siamo quasi alla fine e hai troppe insufficienze».

«Non è vero», insiste a difendersi lei, cocciuta. «Ho sei in mate, e sei in inglese.»

Art quasi si affloscia sulla sedia, si appoggia allo schienale, sentendosi esausto. «Guarda che non sono io il giudice che ti boccerà a scuola, non è me che devi convincere.»

Bianca riabbassa la testa, mentre lui prosegue: «Vuoi davvero ripetere l'anno? Cerca di finirlo, e magari bene, hai visto che quando ti impegni hai dei buoni risultati, come hai detto: sette in storia. Lo scorso mese non era sei o sette in inglese?».

«Sette», mormora lei.

«Bene, allora vedi che, se vuoi, puoi avere buoni voti? Basta dimostrare ai professori che ti impegni...» Art ha già abbandonato la rudezza iniziale, ma su un punto resta fermo: «Quanto alle tue amiche, sarà meglio che smettano di venire tutte qui, come fosse il doposcuola».

«Ma che dici papà?», sgrana gli occhi lei, incredula. «Non ti capisco.»

«Siamo agli sgoccioli, devi mettere la testa a posto, studiare. È meglio che non ti distragga», conclude lui, in tono fermissimo. «Stavolta mi devi ascoltare, altrimenti non esci più. Chiaro?»

Bianca china la testa, come abbattuta da una raffica di vento. Per qualche istante, nella stanza cade un silenzio opprimente. Art si riempie i polmoni e gli sembra che quel suo respiro provochi un rumore assordante nella cucina, dove già il ronzio del frigo sembra il rombo di un elicottero. S'impone di non cedere alla scena patetica che gli sta recitando sua figlia, trasformata in un burattino cui hanno allentato i fili, con la testa reclinata sul petto. Ma quando sul piatto cadono alcune gocce, e Art si accorge che Bianca sta piangendo, la sua fermezza frana.

«Bianca, tesoro!», esclama, scostando la sedia rumorosamente. Si fionda accanto a lei, in ginocchio. «Ma che fai? Papà non voleva certo farti piangere! Ma scherziamo?» Le cinge le spalle abbassate con le braccia, mentre lei si porta il dorso della mano sulla guancia e sul naso. Art si fruga in tasca, estrae il fazzoletto e glielo porge: «Su, non disperarti, papà ti aiuterà, ce la faremo a superare l'anno, vedrai!».

Bianca afferra il fazzoletto e si scosta da lui, sollevandosi in piedi. «Non capisci!»

«Come, non capisco?» Art la fissa interrogativo, dal basso in alto. È rimasto in ginocchio e sua figlia lo troneggia, ora raddrizzata e con le spalle ampie e aperte, e un'espressione minacciosa negli occhi. «Non capisci! Non capisci!»

Volta le spalle e scappa in camera sua.

Non capisce, neppure lui. Che è sotto pressione, che è stanca, che all'Accademia studia come una matta e che è stufa di andare a scuola a sentire barbosissime lezioni, seduta per ore a un banco, un'autentica tortura, le vengono i crampi ai polpacci e ai tricipiti, ogni tanto deve stirare un piede o una mano, e gli insegnanti la rimproverano perché non sta ferma, perché si alza, perché guarda fuori dalla finestra, perché cerca di ammazzare il tempo chiacchierando con la sua compagna di banco o con quella accanto. Oltretutto, la prof ha diviso il gruppo delle ballerine per impedire che facciano comunella e disturbino le lezioni, così è costretta a scrivere bigliettini e a farli passare di mano in mano, perché anche il cellulare, in quella galera, è proibito. Il tutto per mandare a memoria informazioni che si trovano su Google in due secondi, allora a che serve saperle? E l'inglese, poi: a lei sarebbe utile il francese, la lingua del balletto, e oltretutto la sua insegnante d'inglese della danza non conosce niente e s'incaponisce a far leggere novelle assurde, senza capo né coda, scritte milioni di anni fa.

Ma niente, persino papà si è arreso a quell'arpia di lettere, che la odia perché lei ha talento e carisma, come le ha detto Lisa che conosce un grande filosofo brasiliano i cui libri, guarda caso, a scuola non si leggono e non ci sono nemmeno nella biblioteca scolastica, a riprova che lì dentro non c'è niente di utile o di stimolante.

Ma questa è solo la goccia che fa traboccare il vaso dell'angoscia di Bianca, che da dieci giorni insegue inutilmente l'amore, nella forma di un bellissimo ballerino dai ricci biondi, lunghi fino alle spalle, che intravede nei corridoi, all'uscita di scuola. Lo guarda da lontano, sospira, e si domanda come possa farsi notare e come fare a conoscerlo, quando lui se ne sta sempre con gli amici, a ridere con quella bellissima bocca, a guardare sempre da un'altra parte e mai verso di lei, con quegli occhi chiari e luminosi. Le amiche lo sanno, partecipano, la incoraggiano, ma lei, che pure è tanto spavalda con i suoi compagni di scuola e non ha timore dei professori, lei di fronte all'idea di avvicinarsi al ballerino si sente svenire, le manca la terra sotto i piedi e la saliva in bocca. No, rischierebbe una figura troppo brutta. Inutile che Lisa, che ha arpionato il suo bello in poche mosse (due domande, un sorriso, un viaggio in metropolitana), le consigli una strategia: «Va' a offrirgli una cioccolata calda, va' a parlarci, che sarà mai? Casomai ti dice che la cioccolata non gli piace, e magari attaccate bottone sull'argomento cibo, no?».

«No, proprio no», ribatte lei, terrorizzata. «Non ci riesco, non me la sento. Una cioccolata? Ma se non la bevo neppure io? E poi che figura faccio se mi dice di no?»

«Che figura fai? La figura di una ragazza molto carina che ti offre qualcosa, casomai è lui, se rifiuta a brutto muso, a fare la figura del cafone.»

«Sono sicura che non è un cafone», prende a difenderlo d'ufficio Bianca, un filo irritata.

Anche Lisa non capisce. Le sembra tutto facile, dopo che ha conquistato Martin senza alcuna fatica e ora vanno via mano nella mano uscendo dall'Accademia.

E Vivienne, poi, che si propone come mediatrice? «Vado io a parlarci e gli dico che ti interessa.»

«Ma sei matta?», ribatte lei, spaventata.

«Che fai, offendi?», s'innervosisce subito Vivienne.

«No, scusa, non volevo offenderti. Però no, grazie, Viv, non mi sembra una buona idea.»

«Come no? Sai quante volte le mie amiche hanno fatto così per me?»

«Quante volte?» Bianca la fissa, sconcertata.

«Un sacco. È più semplice che andare tu direttamente, e sai già la risposta. Se non gli interessi, ti metti il cuore in pace.»

Ecco, anche Vivienne non capisce. Lei non vuole mettersi il cuore in pace, anzi. Vuole tenerlo desto, in allerta, vuole continuare a sperare che prima o poi il ballerino si accorga di lei, magari si ricordi che l'ha apprezzata (è sicurissima che sia lui ad averle detto carina), e che le chieda...

«Ma tipo, cosa vorresti fare, uscirci?», domanda Naomi, concreta.

«Uscirci?», sgrana gli occhi lei. Le sembra già un sogno che lui si avvicini e le chieda come si chiami, che le ripeta che la trova molto carina. Infatti è quel che sogna, e forse a volte nel sogno lui la bacia, come nei film. Ma di qui a uscirci... Ecco, Naomi è troppo rozza, come si fa ad andare subito al sodo, uscire con uno? Che poi lei, a quel che risulta, non esce proprio con nessuno.

«Io ti capisco, sai», le bisbiglia Tanya. «Per te lui è come Justin.»

«Justin chi?»

«Justin, il cantante!», si scandalizza l'altra. «Non lo conosci? È stupendo, a me toglie il fiato vederlo.»

Ecco, sì. Tanya ha ragione: toglie il fiato. Però il ballerino non è un essere irraggiungibile, un tipo da copertina. È all'Accademia con lei, a pochi passi, ma compiere quei pochi passi, quel *sissonne*, è come lanciarsi nel buio per cogliere una stella.

4.
Jonas

Avanti, Bianca, *pas de bourrée*, concentrata, *jeté passé*, *port de bras* di preparazione, mento alto, *allongé*, la musica si ferma. Tutto da capo: *plié*, *ronde de jambe*, *fouetté en tournant*. Una alla volta, le ballerine partono dal fondo della sala e si portano avanti, con i piccoli passi cadenzati, i saltelli, e concludono con il giro sulla gamba sinistra in mezza punta, nel *fouetté*. Davanti a loro, la Bobulova le aspetta, le fissa, le soppesa una a una, senza batter ciglio, senza un sorriso o un tremore nella faccia inespressiva.

È Heléna a dare le consegne e a commentare: «Più su il *cou de pied*! *En dehors*! Vivienne, la *tête*, la testa, *avant*. Bene, così, *plus vit*, più veloce, più energia...»

Più energia, più forza, più determinazione. Ecco, oggi Bianca prenderà l'iniziativa. Non ha senso continuare a covare il suo innamoramento, adesso che anche Vivienne ha agganciato un ragazzo, anche se lei non ha scelto un ballerino, ma il garzone del bar venuto a cambiare le cialde della macchinetta delle bevande calde. A nessuna di loro pareva questo granché, ma Viv si è sentita scombussolare dall'occhiata di apprezzamento che lui le ha lanciato.

«Non è un po' vecchio?», ha commentato Naomi, con la solita schiettezza.

«Che dici? Ha sedici anni, tre più di noi», le ha fatto notare l'altra. «E poi a me piacciono più vecchi. Il mio ultimo ragazzo aveva quattro anni più di me.»

Ultimo? si è domandata Bianca, che non può nominarne nemmeno uno. «Non ti ho mai vista con un ragazzo», si è limitata a osservare.

«Già, da quando sono entrata in questo posto sono diventata peggio di una suora», ha replicato lei. «L'ultimo ragazzo è dell'estate scorsa, ci sono uscita per quindici giorni. In Spagna.»

«In Spagna! Era spagnolo?», hanno chiesto tutte, già eccitate dalla notizia.

«Macché, era figlio di amici dei miei. Io non so lo spagnolo.»

«Perché vi siete lasciati?», ha chiesto Tanya, in tono un po' drammatico.

L'altra si è stretta nelle spalle: «Era una cosa da vacanze, ci siamo salutati da amici, come prima».

Ma come la mettono giù facile, tutte quante, a parte Tanya che vive nei sogni e Naomi che finge disinvoltura, ma in realtà è la meno interessata ai ragazzi. Lisa intanto si è già quasi stancata di Martin, dice che è noioso, imbranato, che si vergogna ad abbracciarla in tram o al bar, davanti a tutti, e non è che poi l'abbracci molto neppure quando nei paraggi non c'è nessuno, come al parco. Sono passati quindici giorni e Lisa ha già attraversato come una cometa tutte le fasi dell'amore, che sta già inesorabilmente tramontando. Intanto, Bianca è sempre lì a rimuginare e sognare a occhi aperti.

Basta: deve lanciarsi. Così, all'uscita, saluta le sue amiche

che sanno e la sostengono, seguendola con lo sguardo apprensivo mentre lei si dirige (voltandosi una volta sola per salutarle con lo sfarfallio delle dita) dietro il piccolo gruppo dove spicca il bel biondo. Nell'ultima occhiata verso le amiche ha registrato e incassato le dita incrociate, i baci gettati da lontano, riempiendosene perché le portino fortuna. Il ragazzo davanti a lei cammina ignaro, a testa alta, chiacchierando e ridendo con i ricci che si sollevano morbidissimi sulle spalle a ogni passo, il profilo che si volta verso un compagno o l'altro. Che bel sorriso e che portamento principesco, sembra inceda sul palcoscenico invece che sul marciapiede, che dinanzi a lui sembra vuotarsi come per magia. La gente che incrocia si scosta istintivamente, e Bianca registra tutte le occhiate, tutte le teste femminili voltate a guardare senza dubbio lui, ora persino baciato dal sole che illumina quella parte della strada. A poco a poco, il gruppo si disperde: c'è chi inforca la bicicletta, chi scende le scale verso la metro. Il cuore di Bianca prende ad accelerare, tra poco toccherà a lei. Manca soltanto un ragazzo, attaccato alle calcagna del ballerino, e Bianca si trattiene in attesa che i due si separino o comunque di una buona occasione per farsi avanti e riuscire a mettere in secondo piano quell'amico chiacchierone che sembra incollato al suo idolo.

«Ciao», una voce la distrae. Si volta e vede un ragazzo sulla bicicletta, proprio accanto a lei. Lo fissa interrogativa. «Andiamo insieme all'Accademia», si affretta a spiegarle lui.

Un ballerino, si rilassa lei e gli indirizza un vago sorriso, quello famoso da Gioconda. «Ciao», risponde poi, cauta.

«Vai da qualche parte?», domanda lui. Bianca volta lo sguardo in cerca del suo bel ballerino, già scomparso alla vista in mezzo alla folla, e ha un moto di stizza. «Non lo so», risponde, seccata.

«Che succede? Hai perso qualcuno?», ribatte lui, in tono ironico.

«Qualcuno? No, perché?», farfuglia lei, ma si sente arrossire. Ecco, non ci mancava che essere colta in flagrante da un altro ballerino, magari un compagno del suo agognato.

«Perché di solito sei circondata da un sacco di ragazze, come una principessa», ribatte l'altro e Bianca lo fissa, sconcertata. In effetti, non si stacca mai dalle sue amiche, tranne...

«Oggi è la prima volta che riesco ad avvicinarti da sola», gli sta rivelando il ragazzo, che tende la mano: «Mi chiamo Jonas».

«Bianca», risponde lei meccanicamente, stringendogli la mano. Le sembra una scena ridicola, stringersi le mani in mezzo alla strada, presentandosi come due vecchi. Lancia un'occhiata intorno: non sia mai che il suo idolo la veda proprio ora mentre si scambia un saluto cerimonioso con uno che magari è suo compagno di classe. Ma no, c'è solo una gran folla indifferente, qualcuno anzi che la urta, perché lei e quell'altro sulla bici non hanno l'allure del bellissimo che le è sparito sotto il naso proprio quando stava per avvicinarsi, proprio mentre stava per sfiorarlo, per causa...

«Che bel nome», commenta intanto la causa di quel fallimento.

«Non saprei», si stringe nelle spalle lei, di nuovo irritata. Ma l'altro insiste: «Per un po' ho cercato d'immaginare come ti chiamassi, l'ho anche chiesto in giro, sai?».

«Ah, e perché?», domanda un po' gelida, ma l'altro non si lascia scoraggiare dal suo comportamento distaccato.

«Perché ti avevo visto in corridoio, e mi avevi colpito. I miei compagni mi stanno prendendo in giro da allora. Ti chiamano "Carina".»

Bianca sgrana gli occhi: «Come... così... saresti tu che hai commentato, che hai detto questa parola?», sta balbettando, a mala pena riesce a mettere insieme una frase. Lui distoglie lo sguardo e arrossisce. Ha uno strano modo di arrossire: non gli diventa paonazza tutta la faccia come succede a lei e alle sue amiche, come se si accendesse una luce rossa sotto la pelle. Invece, ditate rossastre si allungano dalle orecchie verso gli zigomi di Jonas, che ha chinato un poco la testa, e gli occhi. Soltanto adesso Bianca si accorge che ha ciglia lunghissime e scure, che quasi sfiorano le guance pallide, e prova un moto di tenerezza.

«Grazie», mormora allora, riprendendo a sorridere. «Sapessi com'è stata dura incontrare la classe maschile al completo! Sembravate un drappello di soldati.»

Jonas appare sollevato: il rossore arretra, scomparendo dietro i capelli scuri, tagliati corti, le palpebre si rialzano, e gli occhi scintillano di nuovo. «Allora, ti va di bere una cioccolata?»

«D'accordo», accetta lei, ancora preda della tenerezza ispirata dal ragazzo, ma già mentre lui si china per fermare la bicicletta alla rastrelliera si ricorda che era proprio quello che le aveva consigliato Lisa, offrire una cioccolata. Una specie di formula di aggancio che lei ha assecondato, e non le piace neppure, la cioccolata! Sta quasi per ribattere che ci ha ripensato, che è meglio se va a casa, si è fatto tardi e suo papà magari aspetta, quando Jonas si raddrizza e le sorride, con gli occhi che si stringono e si allungano verso le tempie, esprimendo un tale calore e una strana familiarità, che non se la sente di respingerlo. La postura dritta in un ragazzo appare come fierezza, per lo meno in questo ragazzo che non fa voltare tutte le teste, ma è senza dubbio piuttosto carino. E nel camminargli accanto, Bianca non prova alcuna soggezione né timore, anzi, si sente proprio a suo agio, sta già ridendo di qualcosa che lui le ha fatto notare entrando in un caffè lì accanto: un cagnolino con il cappotto e il cappello con il pompon, come uno gnomo.

Forse con il suo idolo non oserebbe dirlo, ma con Jonas Bianca chiarisce subito che non ama la cioccolata calda e che il suo non è un vezzo per non ingrassare. Tant'è che ordina una fetta di strudel con le mele.

«Invece io vado matto per la cioccolata, in più con la panna», fa lui, stravaccandosi sul divanetto. Anche Bianca si appoggia con i gomiti sul tavolo, e posa il mento sul palmo aperto. Sarà stata la tensione della caccia, ma ora si sente sfinita.

«Ci ammazzano», sbuffa Jonas, e chiede: «Anche a voi?».

«Dici bene. Il saggio di fine anno, sai. In quale classe sei?», domanda Bianca. Lui solleva i palmi in aria, rotea gli occhi:

«Non chiamarlo saggio. Almeno, non nella classe del maestro Giuliani!».

Bianca si raddrizza di scatto: «Il maestro Giuliani? Sei in classe con...», sta per dire con il ballerino più bello del mondo. Per fortuna non conosce il suo nome e si trattiene.

«Sì, con Aldo Giuliani, è bravissimo ma pretende molto. Oltretutto, ha già i suoi preferiti», si rabbuia Jonas.

«Ah.» Bianca sente il cuore accelerare un po' i battiti. «Da come lo dici, immagino che tu non sia tra questi.» Gli indirizza un sorriso complice e lui scoppia in una di quelle risate che Bianca conosce bene, un po' nervose e teatrali, e ribatte caustico:

«Esatto. Io non sono abbastanza splendido».

«Non so se ti consola, ma anch'io non sono certo la preferita della mia classe», confessa lei, cercando di far riassopire il cuore allarmato.

«Strano», fa lui, indirizzandole uno sguardo ammirato. «Non sei nella classe della Regina dei Ghiacci?»

«Chi, scusa?», sgrana gli occhi Bianca, perché è proprio il personaggio che la maestra le ha sempre evocato. Lui si allunga verso di lei, abbassa un po' la voce. «La Bobulova, no? Non sai che tutti la chiamano così?»

Bianca scuote la testa. Come fa a saperlo, se sta sempre chiusa in quell'aula e quando anche esce di lì se ne va in giro con il suo personale drappello di amiche, come le ha detto Jonas, come una "principessa"?

«Si dice che sia tremenda, gelida, abbastanza cattiva, però non dovrebbe fare preferenze. O sì?», le sta domandando Jonas, perplesso.

«È vero. Lei non mostra inclinazioni, ma la sua assistente sì, eccome. Ha almeno un paio di preferite, le belle della classe.»

«Come! E tu non sei una delle due?», ribatte lui, pronto. «Allora non ci vede bene.»

Bianca si mette a ridere, e stavolta non è una risata nervosa o forzata, una di quelle che sembrano uscire dal corpo come un grido represso, ma una risata spontanea che esce di bocca come un fiotto d'aria calda e le rilassa le spalle, il petto, e nello sprizzare fuori le alleggerisce tutto il corpo, le alleggerisce la mente liberandola dai pensieri aguzzi di Cynthia la preferita o del suo mancato inseguimento a un idolo che adesso si è appannato.

«Che balletto state preparando?», domanda poi.

«*Sogno di una notte di mezz'estate*. Immagino anche voi, dovremo fare delle prove insieme, credo. Infatti, ti avrei beccata lì, ma volevo conoscerti prima.»

Bianca si rannuvola un poco: beccata? Era così ovvio che si sarebbe fatta avvicinare e conoscere? Forse Jonas è un po' troppo sicuro di sé, e Bianca torna sulle difensive. «Finora abbiamo provato parti del *Lago dei cigni*, poi da due settimane la Bobulova ha tirato fuori questo nuovo balletto. Non tutte parteciperanno, però.»

«Be', certo. Le migliori, giusto?»

«E le preferite», ammicca lei, dimenticando di essere un po' offesa per il "beccata" di prima. Stavolta è Jonas a incupirsi, mentre osserva:

«Rob ci sarà di sicuro».

«Rob chi?», domanda lei, ma il cuore comincia a farsi sentire.

«Robert, era davanti a noi poco fa. Lo avrai visto, no?» Jonas sventola una mano in aria, come se volesse cacciare il fantasma di Robert appena evocato. Invece Bianca arrossisce di colpo, senza poterci far nulla, e meno male che arriva il cameriere con i dolci e le bevande, così forse Jonas non si accorge che lei ha avuto un mezzo attacco di cuore e che di colpo ha buttato fuori tutto il fiato che aveva in corpo, rischiando di cascare tramortita per terra. Si getta sul dolce, fingendo una fame da lupo, quando invece le si è chiuso lo stomaco. Quanto al tè, è così caldo che può giustificare il rossore con una sorsata bollente.

«Com'è il tuo strudel? Sembra buono», commenta lui, per fortuna ignaro dello scombussolamento di Bianca.

«Vuoi assaggiare?» Gli porge il piatto, sperando che lui accetti, perché davvero non ce la fa a terminare quella fetta enorme.

«E tu vuoi assaggiare la mia?», le offre lui, ma lei scuote la testa. Le sembra che il rossore sia diminuito, anche se sente ancora le guance roventi. «Sembra che ti sia abbronzata, qua dentro», osserva infatti lui, divertito. «Se è l'effetto del dolce, bisogna tornare, stai benissimo.»

«Non ti stai allargando troppo? Non siamo ancora usciti di qui e già lo fai diventare un appuntamento fisso.»

«Be', che male c'è? Ti dispiacerebbe?» La sta fissando, e si vede che non scherza. Bianca esita. Non c'è proprio niente di male e non le dispiacerebbe affatto, anzi. Ma il nome Robert ha occupato di nuovo i suoi pensieri, anche se non è lui che l'ha giudicata carina e probabilmente neppure si è reso conto della sua esistenza.

«Hai un ragazzo?», sta domandando in tono apprensivo Jonas, dietro la sua incertezza. Lei scuote la testa: «Ma no, figurati».

«Già, hai le tue amiche, le tue dame», riprende a scherzare lui, sollevato.

«Che c'entra? Posso benissimo uscire con te da sola», ribatte lei, punta sul vivo.

«Allora siamo d'accordo.»

Bianca lo fissa sconcertata: «Come, d'accordo?».

«Che esci da sola con me, lo hai appena detto.»

5.
Prove

Sembra già la vera audizione per uno spettacolo teatrale. Tutte loro sono tese, fremono in silenzio, mentre la maestra parla del balletto che sarà presto messo in scena in Teatro. C'è una certa studiata crudeltà nella Regina dei Ghiacci che, con molta lentezza, con lunghe pause, spiega il lavoro che affiderà loro, un compito per il quale si aspetta un impegno assoluto. Solleva lo sguardo per fissarle tutte in faccia, con quegli occhi talmente scuri da sembrare due orbite vuote, eppure dalle cavità balenano saette gelide, che nessuna riesce a sostenere per più di pochi attimi. Le ragazze annuiscono, comprese nel loro ruolo di prescelte per una prova enorme, quasi fossero sacerdotesse di un misterioso rito da svolgere davanti al mondo. La Regina dei Ghiacci tace, e il silenzio si fa tremendo, intollerabile. A Bianca sembra di sentire, all'unisono con il suo, tutti gli stomaci strizzarsi.

È Heléna, naturalmente, che rivelerà chi è stata scelta per esibirsi sul palcoscenico.

«Il balletto è una produzione grandiosa e per i ruoli principali vi saranno due étoile.» Pausa, le ragazze trattengono il fiato finché Heléna non rivela i nomi: «Angelique Maribau e Ivan Stephanenko». La classe scoppia in un grido trattenuto di gioia ed eccitazione. Le ragazze si guardano l'una con l'altra, con gli occhi sgranati, sorridendo, portandosi le dita intrecciate fin sul petto: balleranno con due veri divi della danza! I due magnifici interpreti! La coppia perfetta!

Ma già la Regina dei Ghiacci solleva una mano per frenare quel piccolo subbuglio: «Dovrete esserne degne», ribatte con una certa ferocia, poi fa un cenno all'assistente perché prosegua. «Vi ricordo che seguiremo la coreografia di Balanchine», spiega lei, e già Bianca si ripromette ancora una volta di studiarlo. Finora, si è limitata a gettare un'occhiata alla rete, frettolosamente e con il cellulare: la prima volta aveva cercato "balanshin", non riusciva a trovarlo. Soltanto dopo vari tentativi ha capito come si scriveva, d'altra parte non era un nome semplice. Per non dire del nome vero, russo, ancora più complicato e impronunciabile: ecco perché il maestro se l'era cambiato una volta arrivato a New York.

Ora però giura a se stessa di imparare vita morte e miracoli del coreografo che Heléna cita spesso per il "metodo Balanchine". D'altra parte, loro questo metodo non lo seguono, dunque…

«È una versione più classica rispetto ad altre che conoscete… Ma le conoscete?» Il sorriso si fa perfido. Le ragazze sembrano impietrirsi. Heléna si acciglia, mantenendo però quel sorrisetto cattivo sulla faccia, mentre la Regina dei Ghiacci si sente in dovere di intervenire in tono seccato: «Non avete mai visto un *Sogno* a teatro? Di alcun genere? Ma che razza di ballerine siete? Questa è storia della danza! Dovete conoscerla».

«La vostra insegnante è stata Titania nel balletto di Heinz Spoerli», rivela Heléna, in tono reverenziale. «Oltre che nella versione di Balanchine e di Petipa.»

La Bobulova rotea una mano in aria per interromperla. «Non importa cos'ho fatto io. Stiamo parlando di uno spettacolo famoso e importante. Tratto da quale opera, almeno lo sapete?»

Di nuovo silenzio, le ragazze non osano neppure respirare. Finché una voce irrompe: «Shakespeare».

«Sì, benissimo Cynthia», è pronta a lodarla Heléna. Le occhiate di sbieco colpiscono l'allieva trionfante. «Si tratta proprio della commedia di Shakespeare. Chi non la conosce, sarà meglio che la legga, altrimenti del balletto non capisce nulla.»

«Me lo auguro, per ora potete fare tutte la parte dell'asino», sbotta la Regina dei Ghiacci, e Heléna commenta con una risata secca e nervosa, echeggiata da quella ruffiana di Cynthia.

Soltanto dopo aver visionato il balletto a video, finalmente tutte comprendono a quale asino si riferiva la maestra: al personaggio di un contadino che per magia si ritrova con una testa d'asino. Quel che hanno capito è che alcune di loro potranno interpretare una fatina del corteo di Titania, la Regina delle Fate.

«Le parti sono riservate alle ballerine del Teatro, quanto alle piccole fate del corteo, sono destinate alle ragazze degli ultimi anni, ma ho chiesto e ottenuto che un paio di loro fossero mie allieve», comunica accigliata, come se, invece di dar loro una buona notizia, le stesse rimproverando. Ha calcato il possessivo "mie", per far capire che in fin dei conti suo è l'onore, suo il merito. In aula non si sente neppure respirare. La tensione è quasi palpabile, frigge l'aria al punto che respirare è come prendere una scarica elettrica. Poi, la voce di Heléna squarcia come un lampo la cappa d'attesa:

«Cynthia», rivela. La ragazza emette un grido trattenuto, si porta le mani alla faccia e poi al petto. Le altre ragazze le sorridono con partecipazione, qualcuna addirittura le indirizza un sussurrato: «Brava, complimenti», ma, nel mormorio, la gran parte dei sorrisi sono falsi, e qualcuna si scambia rapide occhiate d'intesa, rimandando i commenti a dopo.

«Quanto alla seconda fata...» Heléna esita e la pausa sembra non finire mai. Le ballerine restano in attesa trepidante, e nell'aria sembra risuonare la domanda "Io?", che ciascuna pone a se stessa. «Abbiamo deciso che la interpreterai tu, Bianca.»

Bianca si sente trapassare da un fulmine. Quella folgore incenerisce il punto di domanda dopo "Io", ora che è lei, Bianca, la prescelta per una parte così importante! Per qualche attimo, ha la sensazione di non sentire più alcun rumore intorno a sé e neppure si accorge dei soliti sorrisi di congratulazione, metà falsi, qualcuno vero, indirizzati verso di lei. "Abbiamo deciso": significa che lei, la Regina dei Ghiacci, ha deciso. Non perché Bianca sia la sua favorita, ma perché, sì, lo deve ammettere e accettare senza cadere in terra per l'emozione, deve accoglierlo non come un privilegio o un onore, ma come un riconoscimento: perché è brava.

«Complimenti, Bianca, sei tutte noi», l'abbraccia Tanya, una volta fuori dall'aula. Ma non tutte hanno il suo slancio disinteressato. Vivienne la bacia, ma si sente in dovere di lamentarsi: «Era chiaro che sarei stata scartata: sono troppo alta!».

«Certo, Bianca è la più brava», commenta Naomi, ma il tono non sembra convinto. «Se lo è meritato, mentre quella meschina di Cynthia, lo sappiamo come mai andrà in Teatro...»

Sì, per fortuna Cynthia catalizza tutto il loro astio per non essere state scelte. Così, per il momento, Bianca risulta immune dalla loro rabbia.

Estrae il cellulare e manda un messaggino a Jonas con la notizia. Le tremano le mani mentre digita, è ancora scossa e quasi non ci crede: calcare il palcoscenico, accanto ai primi ballerini, addirittura a due celebri étoile! Per l'emozione le salgono i lucciconi agli occhi e a malapena riesce a leggere il messaggio che lui le invia dopo qualche istante.

"Dobbiamo festeggiare. Vediamoci al solito caffè."

"Non so. Ti chiamo dopo." Bianca si riempie i polmoni d'aria, scacciando i lucciconi. Lisa e Vivienne si sono accorte del suo turbamento e la fissano, curiose.

«A chi scrivi, Bianca?»

«Niente, a mio padre», mente lei, ma si sente avvampare.

«Certo che tuo papà ti sta parecchio addosso», ribatte l'altra, in tono critico. Ha uno strano sguardo, forse non le crede, perciò Bianca insiste: «Volevo fargli sapere la notizia».

Vivienne s'irrigidisce, mostra un sorriso forzato. «Ah, già. La notizia, certo. Hai ragione.»

Non le piace il tono di Viv, ma non se la sente di chiederle cos'ha, perché parla in quel modo. Bianca capisce bene cosa è successo: la distribuzione dei ruoli ha scavato solchi persino tra loro che sono tanto amiche. Non può farci nulla, non avrebbe senso dire che le dispiace: per cosa? Per avere una parte in un vero balletto? Perché Vivienne è stata scartata? Meglio annuire e sorridere, nella convinzione che Viv incasserà la delusione, magari immaginando che la prossima volta toccherà a lei andare sul palcoscenico. Tutte loro sono ballerine, tutte loro finiranno in Teatro… Oppure no? Non tutte? A volte Bianca pensa di non farcela neppure lei, come certe allieve che hanno frequentato due anni e poi hanno smesso, se ne parla, lo dicono persino gli insegnanti: la scuola non garantisce di essere capaci, di andare avanti, diventare ballerini e addirittura primi ballerini o grandi interpreti. La scuola è soltanto un passaggio e qualcuno scende prima ancora di aver attraversato tutto il corso, già stufo o stanco della disciplina e della fatica, sapendo poi che non c'è nessuna garanzia. Nessuno ti dà la parte principale, te la devi sempre sudare. Allora, cos'ha da rimproverarsi, Bianca? Cos'ha da scusarsi con l'amica? Niente.

Quanto a Jonas, è un segreto. Perché lo sa come vanno queste cose: chi ci crederebbe che al momento è soltanto un amico? Che anzi, è lui che le ha rivelato il nome del bellissimo Robert? Nessuna di loro, anzi, le amiche la metterebbero sotto torchio per farle spiattellare tutto, parola per parola, della sua chiacchierata con Jonas e anche dei due baci sulla guancia che si sono scambiati, salutandosi. Andrebbero subito alle conclusioni: gli piaci! E lui ti piace, dai, sei diventata rossa, e prima ti tremavano le mani mentre gli scrivevi e poi, quando ti ha baciata, ti batteva il cuore, avanti dillo, dillo Bianca. Così ripete a se stessa, interpretando da sola le parti di Vivienne, Lisa, Naomi, Petra e negando tra sé di essere innamorata di Jonas. Innamorata, che parola enorme! Soltanto Tanya ha il coraggio di usarla, lei che è l'unica depositaria del suo segreto, che sa di Jonas e ha promesso di restare muta come una tomba. «È innamorato di te», ha diagnosticato, chiedendo subito dopo, ansiosa: «E tu? Sei innamorata?».

È scoppiata a ridere: ma come, innamorata? Non lo è di Robert?

E poi, eccolo Robert, vicinissimo al punto che potrebbe persino toccarlo. I ragazzi sono scesi nell'aula grande, per una prova collettiva. Si guardano di sottecchi, si spiano, ballerine e ballerini, tenuti a freno dagli sguardi incrociati e ferrei della Bobulova e del maestro Giuliani. Quattro ragazzi sono stati scelti per interpretare il ruolo di animali che scorrazzano nella foresta incantata e dovranno indossare costumi che li coprono da capo a piedi. Quanto a Robert, il maestro Giuliani informa che interpreterà un ragazzo della cerimonia nuziale, una parte che toccherebbe a un ballerino del Teatro, ma pare che Robert abbia sostenuto un'audizione e che la parte gli sia stata affidata per la sua notevole bravura, pur essendo così giovane. Il maestro ha un'espressione di fierezza, mentre racconta a tutti loro questo piccolo trionfo del suo allievo preferito. Bianca lancia uno sguardo verso Jonas, per scambiare un'occhiata di sostegno e complicità, ma lui resta voltato verso Giuliani. Da quando è entrato nell'aula non le ha mai rivolto uno sguardo, anzi, sembra proprio che la eviti di proposito. È arrabbiato con lei?

Gli occhi delle ragazze sono tutti per l'allievo bellissimo, statuario, che mostrerà il breve e difficilissimo repertorio presentato all'audizione. Vivienne, Naomi, Lisa e Petra ammiccano verso Bianca, in uno scambio fulmineo che riallaccia antiche complicità. L'elogio del maestro al talento di Robert ha anche appannato la scelta di Bianca e Cynthia, semplici fatine che appariranno sullo sfondo, indistinte. Mentre il ragazzo rifulgerà sotto i riflettori, al pari degli interpreti! Tutti loro, ragazze e ragazzi, si assiepano alle pareti, poi la musica attacca e Robert solleva il mento, le braccia, incede in avanti, esegue perfetti *fouettés en tournant* e *glissades*.

«È un mostro», sibila Vivienne, tra gli applausi dei compagni.

«Che studia a fare?», domanda acida Petra.

Ma c'è qualcuna di loro che sta guardando il ragazzo in totale adorazione e, mentre lui torna tra i compagni, gli sorride mielosa, dicendogli: «Bravissimo, davvero». È Cynthia.

Le amiche lanciano occhiate significative a Bianca, accigliata. Ma non è per colpa di Cynthia la gattamorta che Bianca ha assunto quell'espressione seccata. Vedere Robert da vicino, seguirne i passi perfetti, l'esecuzione, è come se avesse cancellato l'immagine di un altro Robert che gli sembrava di conoscere, uno più semplice e familiare, un ragazzo simpatico, uno come lei, e che non è quel primo della classe, quella sorta di rivale impareggiabile, impossibile, che guarda tutti quanti loro sorridendo e non vede nessuno, nemmeno la povera Cynthia che pure si butta inutilmente in fuori. Così, la sua espressione non è irritata, come pensano Viv e Petra. È sorpresa e delusa. E un po' seccata, certo.

Perché qualcuno di conosciuto, invece, la evita, la ignora. Antipatico Jonas.

Non le resta che accettare di vederlo dopo la lezione, al "solito caffè", come le ha scritto. Sia ben chiaro che vuole vederlo soltanto per sapere perché non l'ha mai degnata di uno sguardo, figurarsi un accenno di saluto. Invece, appena mette piede nel caffè, lui le va incontro tutto festoso: «Ciao! Posso abbracciarti?», e l'abbraccia senza nemmeno aspettare una risposta. Bianca resta rigida, sorpresa com'è dal gesto. Anche se, a dire la verità, non è un vero abbraccio, di quelli che è abituata a ricevere da mamma, avvolgenti come una coperta di lana. Jonas l'ha afferrata per le spalle e l'ha avvicinata a sé, senza stringerla del tutto, come se lei fosse fragilissima, e avesse paura di romperla. In ogni caso, lei è rimasta di stucco: «Perché?», domanda. E si morderebbe la lingua. Non è questo che voleva chiedergli, anzi, così si trova proprio spiazzata.

«Per la parte nello spettacolo!», risponde lui, ovvio. Si è già ritratto, e distoglie lo sguardo. Dita rosse si allungano sulle sue guance.

«Ah, sì, non ci pensavo più», replica lei, un tantino acida.

«Non ci pensavi più? Ma questa è bella!», ribatte allora Jonas, indicandole il tavolo dove si è già accomodato. Le dita rosse sono già evaporate. «Siamo qui per festeggiare.»

«Veramente io sono qui per chiederti come mai non mi hai neppure rivolto uno sguardo, a scuola.»

«Perché? Tu mi guardavi?», fa lui, sprizzando gioia.

«Be', certo, ti volevo salutare. Che male c'è?»

Jonas si fa serio di colpo: «Hai presente la mia classe? Tutti ragazzi? Se anche solo ti guardavo non avevo più pace. Già ti hanno riconosciuta: c'è la carina, e giù a darmi gomitate e pacche».

«Sul serio? Non immaginavo...», ma mentre parla, pensa a se stessa, che ha tenuto ben nascosta l'amicizia con Jonas alle sue compagne. «Cioè, capisco.»

«Per voi ragazze è più semplice, parlate più liberamente», sta osservando lui. «Lo so, vedo le mie sorelle...»

«Hai delle sorelle?», s'informa allora Bianca, che si rende conto di non sapere proprio nulla di Jonas, benché siano seduti insieme al bar e parlino come vecchissimi amici.

«Due, più grandi. E tu?»

«Una. Più piccola. Quando stavo in casa non facevo che litigare con lei, ora mi manca tantissimo», sta rivelando. Non ha mai parlato con nessuno di Micol, neppure con le sue migliori amiche, e adesso si trova a confessare un segreto del genere a questo perfetto sconosciuto! Ma che le prende? Di colpo, è come un fiume in piena che racconta della famiglia, della sua casa, di quello che le manca, di quello che vorrebbe. Possibile che sia così facile, con Jonas, aprirsi e capire, essere capita? Lui afferra al volo le parole, quasi fossero le sue braccia spalancate, e approva quello che lei dice, come se la sollevasse in aria, tenendola ben stretta per la vita. I loro discorsi danzano in un inconsapevole e perfetto *pas de deux*.

A differenza di Viv e Lisa, Jonas non prova alcuna fitta di gelosia perché lei danzerà in teatro, addirittura assieme a Robert, il suo rivale. Ma a lui non risparmia osservazioni taglienti:

«Ha fatto di tutto per partecipare all'audizione, anche se non aveva l'età. Persino lezioni serali in più, si dice addirittura con l'aiuto coreografo...». Assume un'aria maliziosa.

«Che vuoi dire?», aggrotta la fronte Bianca. «A me è sembrato bravissimo. Se lo merita, ha solo più talento di noi.»

«Sì, forse... Ma è anche un fanatico, è proprio malato. Se non diventa primo ballerino muore.»

«Ma tutti noi vogliamo diventare ballerini, e poi interpreti!», si mette a difenderlo Bianca, sentendo che l'accusa investe anche lei, scelta per un piccolo ruolo. Le sembra che Jonas le riferisca commenti che forse Viv e Lisa, Petra e Naomi stanno scambiandosi tra loro: Bianca, la "fanatica", che aspira a essere étoile.

«Sì, certo, ma bisogna vedere come», ribatte lui, con insopportabile astio. A Bianca sembra che di colpo quell'intesa perfetta si sia spezzata e lui la fissi sospettoso. Del resto, anche lei ricambia con uno sguardo un filo ostile, come se il cigno bianco con cui danzava fino a poco prima fosse diventato il malefico cigno nero.

6.
Lo spettacolo

Eccolo, il Teatro. Maestoso e lucente, come la grotta di Alì Babà: oro a profusione sulle pareti, sui palchi, sulle poltrone, e lampadari che scintillano come diamanti. Il palco, sollevato come la poppa di una nave sopra la marea rossa della platea, è illuminato da un arcobaleno di fari di tutti i colori, che simulano l'effetto notte del bosco e il tripudio di luci di un palazzo in festa.

Bianca volta lo sguardo, incantata, con la sensazione che l'aria del teatro le riempia i polmoni e tutto il corpo di un'ebbrezza che la rende leggera e felice come nessun'altra cosa, almeno null'altro che ricordi adesso che è qui nel Teatro più bello del mondo, e non è una spettatrice qualsiasi, che già sarebbe contenta, ma è una delle interpreti! No, piano Bianca, si rimprovera: non proprio! Altrimenti fai come papà che appena saputa la notizia della sua partecipazione allo spettacolo si è attaccato al telefono, con la voce che tremava, e ha chiamato tutti, mamma, zii, nonni, amici, senza curarsi di superare il limite del suo abbonamento telefonico. Capperi, se era euforico! Aveva gli occhi lucidi, il naso rosso come se avesse bevuto, e parlava a voce alta come non gli succede mai. Insomma, alla fine Bianca si è persino risentita di tutto quell'entusiasmo di papà e di mamma, che ha promesso di venire alla prima, infischiandosene del lavoro e della dottoressa Otis, anzi, magari potrebbe trascinare anche lei, quella vanesia egoista che si crede chissà chi e di danza invece non capisce un'acca. Si è risentita perché questa è la riprova del fatto che i suoi non hanno mai creduto molto nel suo talento: appena è arrivato un piccolo riconoscimento si sperticano in complimenti, si emozionano come due bambini, e già la vedono in palcoscenico come una protagonista, loro che avevano tanta paura che lei non ce l'avrebbe mai fatta a studiare e imparare, soprattutto a farsi strada.

Però, ecco la frase odiosa che punge il palloncino pieno di gioia dentro la sua testa e lo sgonfia. Di colpo, è sopra le assi del palcoscenico, in mezzo a una massa di ragazzine che seguono concentrate le indicazioni del maestro dedicato solo agli allievi. Il coreografo non lo vedono nemmeno, è in platea a osservare la scena su un monitor. Quanto agli interpreti, ancora non sono arrivati, si stanno scaldando nella sala adiacente. Quella frase, «Stai cominciando a farti strada», l'ha detta Viv con un'espressione di finta partecipazione. Finta, sì, lei lo sente benissimo che, da quando è stata scelta per il balletto, le sue amiche si sono raffreddate e si comportano con lei con falsa gentilezza, sempre più lontane, sempre piene di scuse quando lei propone di cenare a casa sua o di andare insieme da qualche parte, sia anche la loro meta preferita: il centro commerciale. Soltanto Tanya le è rimasta fedele, anzi, ora che è rimasta l'unica "vera amica", come si è autodefinita, le ha instillato un dubbio:

«Scusa, sai, ma io credo che loro non siano mai state tanto amiche».

«In base a cosa lo dici?», ha domandato lei, irritata. Da quando Tanya si è messa a fare diagnosi sull'amicizia vera o falsa? Da quando si erge a giudice?

«Ma sai, quando avevano bisogno, come Viv o Lisa, hanno fatto le amiche, ora rosicano», ha ribattuto lei, implacabile. Bianca ha provato persino a difendersi, come se tutta questa faccenda fosse davvero colpa sua:

«Ma perché? Cosa ho sbagliato? Io non ho fatto nulla contro di loro».

«Sono invidiose, punto. Non ci puoi fare nulla», ha sentenziato Tanya la giudice. Ed era pure un po' soddisfatta, perché Bianca ha sempre avuto il sospetto che fosse un po' gelosa di tutte le altre, considerando che alla fin fine lei era stata la prima amica di Bianca in Accademia, la prima a essere ospitata in casa, e di certo l'unica che sa tenere dei veri segreti, come la sua amicizia con Jonas. Che alle altre non ha mai menzionato, proprio per quell'atmosfera così mutata a un tratto e senza che possa correggerla. Perché continuano a sorridersi come prima e a parlarsi come prima, negli spogliatoi si dicono l'una con l'altra che sentono dolore a un piede, che vorrebbero mangiarsi un gelato grande come una casa, si raccontano le solite sciocchezze, ma senza più la sostanza che c'era sotto prima, il calore, la complicità che faceva di loro sei un gruppo compatto, un nucleo amoroso contro tutte le altre che, a coppie o sole come Cynthia, giravano loro intorno con aria guardinga, e stavano alla larga.

Qualcuna ha già fiutato che il gruppo non è più quello di prima e comincia ad avvicinarsi, a lanciare bocconi avvelenati, persino qui sul palco come sta facendo proprio ora Cynthia, che le bisbiglia:

«È un sogno che si avvera».

«Siamo fortunate», commenta Bianca, pensando che magari in qualcosa s'intenderanno, loro due. Per esempio nell'emozione di calcare per la prima volta il palco di un famoso teatro. Ma Cynthia assume subito un'aria di superiorità e la corregge:

«Veramente ce lo siamo meritato».

Bianca non sa cosa rispondere. Sì, un po' se l'è meritato, è quel che pensa e che le fa provare rabbia per le sue amiche, che forse non sono mai state "tanto amiche", come dice Tanya. Nel suo silenzio pensieroso, si insinua il commento bruciante dell'altra:

«Certo, agli occhi delle tue amiche si tratta solo di un colpo di fortuna, o forse peggio».

Sorride, Cynthia, perché sa di aver toccato un nervo scoperto. Lo ha notato anche lei che il gruppo non è più così unito, e che Bianca, con la sua promozione a fatina, è diventata una rivale, una che non merita più la complicità, ma l'avversione. Non è un caso che abbia rilevato proprio l'osservazione pronunciata da Petra, qualche giorno prima: «Che fortuna!».

E su questo punto, Cynthia ha perfettamente ragione: non si tratta di fortuna, loro due sono state scelte.

«Dovrai abituarti», sta proseguendo implacabile, leggendole in faccia il suo disorientamento. «Ti sono tutte amiche finché non primeggi.»

«Parla per te», sibila infine Bianca, furiosa, tagliando quel viscido cordone che la stava iniziando a soffocare, condensandole nubi scure nella mente. Caccia via quel groviglio plumbeo con il pensiero: io almeno un'amica ce l'ho, è Tanya, lei verrà a vedermi allo spettacolo. Si riempie i polmoni, e ricaccia insospettabili lacrime che stavano spuntando sulle ciglia. Ha capito cosa deve fare e si dice che non verrà solo Tanya al balletto, verranno tutte, non soltanto perché sono obbligate dalla scuola.

Così raccoglie la concentrazione, e si unisce alle altre fatine radunate in fondo al palco. Tutte inginocchiate, sollevano le braccia. È allora che entra in scena la magnifica Angelique Maribau, bianca come un petalo di camelia e vicinissima, tanto da sentirne il respiro e assaporarne il profumo di talco e chissà quale essenza rara. Bianca deve concentrarsi per non mettersi a ridere o a piangere, chissà: dentro le scoppia una specie di piccola tempesta incomprensibile, non saprebbe dire se di gioia o di commozione, di paura, orgoglio e persino di vergogna, nell'essere accanto a una ballerina tanto famosa, tanto perfetta. Quando poi fa la sua apparizione Ivan Stephanenko, le sembra di essere direttamente volata in cielo, proprio con le stelle più luminose del firmamento. Come vorrebbe che questa, che pure è soltanto una prova, durasse per l'eternità!

«*Merci madamoiselles, thank you girls*», ringrazia Stephanenko, che sembra giovanissimo e spensierato, non così vecchio come nelle foto o nei poster degli spettacoli, e di certo molto più allegro e giovane dei maestri dell'accademia, come se fosse uno degli studenti, uno di loro. Anche solo per questo ringraziamento, anche fosse solo per stargli accanto, sfiorare i due bellissimi ballerini, vale la pena aver affrontato i suoi, e lottato e studiato sodo. Così pensa Bianca, ma la piccola uggiosa macchia di tristezza non si lava via con il fiume d'emozione. Rimane, opaco, un alone untuoso sul cuore.

«Allora, com'è Stephanenko?», domanda Naomi. La domanda è sincera, ma Bianca esita. Sente di aver alzato d'istinto invisibili barriere di difesa.

«È simpatico, è molto alla mano», risponde evasiva.

«Urca, che fortuna! Io quella mano l'acchiapperei per portarmi via lui tutto intero!», commenta Petra.

«Ma a Bianca interessa qualcun altro. Ora ce l'ha proprio lì, appunto a portata di mano», osserva Vivienne, un po' acida. «Vero?»

«Già, allora con Robert...?», domanda Petra. Ma Bianca scuote la testa: «Non credo di interessargli». Non può dire che, in tutta franchezza, non ha neppure voglia di avvicinarsi al ragazzo che se ne sta per conto suo, tutto compreso nello studio, nel riscaldamento, nella parte da interpretare e anche nell'essere inavvicinabile. A dire la verità, gli dà l'impressione che sia una specie di Cynthia al maschile: ambizioso e pieno di sé. Lontano da tutti.

Ma lei non vuole essere così, non vuole arrivare su un palco lasciandosi dietro tutti, ben contenta, come Cynthia, di suscitare malevolenza e gelosie.

«Sentite», attacca allora, e la voce già si blocca nella gola stretta. Le parole sembrano arretrare, spaventate, e vorrebbero rifugiarsi al buio in qualche angolo remoto. Ma Bianca le richiama a sé. «Ascoltate», ribadisce, e stavolta il tono è più fermo. Le ragazze la guardano perplesse. «Robert non è il mio tipo, ci ho rinunciato. È come Cynthia, credo che sarebbero una coppia perfetta.»

Viv e Lisa accennano una risata, ma Bianca ripete: «Ascoltate. Non voglio parlare male di Cynthia o di Robert. Loro facciano pure come vogliono». Respira, perché la gola di nuovo si stringe. «Io però sono diversa, io ve lo devo dire, io non ce la faccio, ragazze.» Gli occhi si sono inumiditi, ha un po' di affanno.

«Bianca!» Lisa e Petra allungano le mani, le sfiorano le braccia, le spalle. «Che c'è, cos'hai?»

Bianca si fa forza, continua a parlare, dominando il pianto. «No, ragazze, io non ce la faccio sul serio senza di voi. Non sono come Robert, come Cynthia, loro sono splendidi. Io sono normale.»

Tanya ha i lucciconi. «No, tu sei la più brava.»

Ma Bianca scaccia quest'idea come un fastidio: «Non sono la più di niente. Sono una normale, e se non ho voi con me, non sono un cavolo di niente».

Ecco, ha parlato. Vivienne le si getta addosso, la stringe a sé. «O Bianca! Scusami, è tutta colpa mia, sono una iena! Mi perdoni?»

Anche le altre sono intorno, l'abbracciano, Tanya singhiozza. L'unica che non piange più è Bianca, anzi, finalmente ride tra le lacrime. Sente che è sparita ogni macchia, ogni traccia, che il flusso di calore è tornato a scorrere e che la prossima volta sul palcoscenico non sarà più sola.

Non è sola, mentre entra con le altre fatine, in fila, sul palcoscenico illuminato da una luce verdazzurra. Papà e mamma sono laggiù in platea, con il fiato sospeso, e le pare addirittura di cogliere lo strillo trattenuto di Micol che la indica: «È lei!». Ma anche le sue amiche sono là, nel palco riservato all'Accademia, in cinque ne occupano uno tutte insieme, e lei avverte come quella panciuta sacca attaccata alla parete contenga il suo piccolo tesoro, quello che le permette di essere lì, compresa e felice, dietro ai famosi ballerini e ballerina anche lei. Ha soltanto tredici anni, alle spalle due anni e mezzo di studio privato e nove mesi di Accademia, ma anche un papà che l'ha accompagnata fin lì, cinque amiche che l'hanno sollevata fino sul palco, e ora tocca a lei arcuare le braccia verso il cielo, levarsi sulle gambe sottilissime ma robuste come ramoscelli di giunco e danzare.

7.
Sipario

Art scoppia a piangere, proprio senza ritegno. Non ha avuto occhi che per sua figlia, lassù sul palcoscenico, illuminata da fari verdazzurri, con la sua piccola testa perfettamente rotonda, il collo sottilissimo, e il suo corpo minuscolo, fragile, grazioso, che contiene una tale determinazione, un'insospettabile e inesauribile forza di volontà.

Sua moglie Barbara ha pianto per quasi tutto lo spettacolo, trattenendo il fiato e stringendo la mano di Art convulsamente ogni volta che Bianca entrava in scena. Alla fine, per loro due più che un divertimento si è trattato quasi di un dramma, con tutte quelle lacrime e quei sospiri, e quel dirsi a fior di labbra: «È lei, eccola, guardala, mio Dio è Bianca, la mia bambina, la nostra bambina».

È già andata via, pensa Art nell'osservarla correre lungo il palcoscenico leggerissima, come una cicogna dalle lunghe gambe sottili e le braccia aperte intenta a spiccare il volo per chissà dove, lasciando lui e Barbara a terra, piccoli e lontani.

«Papà perché piangi?» La domanda di Micol lo ridimensiona, torna grande e vicino. Si affretta ad asciugare le lacrime, si schiarisce la gola: «Sono commosso. Bianca è brava, vero? Ti è piaciuta?».

Micol si stringe nelle spalle: «È dietro tutti».

«È piccola...» Ma si corregge subito: «È giovanissima, deve ancora imparare».

«Non ha già imparato? Deve restare ancora qui?»

Art annuisce. Micol lo stringe a sé: «Ma tu papà torni, vero?».

Art si china ad abbracciare Micol, mentre il gruppo delle allieve sta uscendo dal retro dove sono affollati parenti e amici, e i fan degli interpreti con i taccuini in mano per gli autografi.

«Papà, mamma!», squilla Bianca, ed è di colpo tornata piccina. Barbara l'avvolge con tutto il corpo, come se volesse incollarla a sé. Bacia sua figlia sulla testa, sulle guance, inondandola di lacrime e con una certa riluttanza la lascia andare verso suo padre che aspetta, per mano a Micol. Soltanto due passi separano Art da Bianca, eppure qualcun altro riesce a insinuarsi in quel brevissimo percorso: un ragazzo che afferra sua figlia per la vita e l'abbraccia. Euforica, lei si stringe a lui con gli occhi chiusi, con la faccia illuminata dalla gioia. «Jonas! Mi hai aspettato?»

«Ma certo. Sei stata bravissima!»

«Davvero? Ti sono piaciuta? Cioè... sei riuscito a vedermi in mezzo a tutte quante?»

«Scherzi? Io ho visto solo te.»

A questo punto, Art decide di intervenire. Ma chi è questo ragazzino? Come mai non l'ha mai visto? Né Bianca gliene ha mai parlato? Insomma, da dove salta fuori questo intruso?

«Bianca», la richiama, controllando il moto d'insofferenza. Sua figlia finalmente si volta verso di lui, si scioglie dall'abbraccio con il ragazzo e si butta nelle braccia del padre. Anche Micol si aggrappa a lei, così alla fine Art deve mollare la presa e Bianca rimane appannaggio della sorellina che le si abbarbica come un rampicante.

Barbara, intanto, si è fatta avanti, curiosa. «Sei un ballerino anche tu?», domanda all'intruso.

«Sì, ma non ero nello spettacolo», sta spiegando Jonas. La fissa dritto negli occhi, con un sorriso a tutta dentatura. Art si sente ancor più seccato: il ragazzino vuole fare colpo anche sulla mamma. Così s'intromette bruscamente:

«Studi all'Accademia? Non ti ho mai visto, Bianca non mi ha mai detto niente...».

«Ci frequentiamo da poche settimane», ribatte lui, con disarmante sicurezza, e sempre con quel gran sorriso stampato in faccia, il sorriso da palcoscenico che Art ha imparato a riconoscere, ma che su sua moglie Barbara, invece, sta facendo un grande effetto. Infatti, anche lei ha assunto un'espressione beata e, a un certo punto, addirittura gli lancia un'occhiata significativa, che Art non vuole proprio condividere. Dunque, è lui il ragazzino di cui sua figlia si è infatuata, quello che la fa andare ancora peggio a scuola, anzi, che comprometterà l'esame? Insomma, non è un po' troppo presto per queste faccende amorose? Bianca ha già tanto da fare e da pensare per conto suo!

«In che senso, vi frequentate?», sta ribattendo, severo, ma Bianca arriva in soccorso dell'amico:

«Dai, papà, non gli fare l'interrogatorio. Lo metti in imbarazzo».

Veramente, sta per dire Art, non mi pare per nulla imbarazzato. Lo sono più io di lui, invece. Ma sua moglie gli strizza l'occhio, già incantata da quel brunetto che sta dritto come un fuso. Come sua figlia, certo, ma lei è una ragazza, è graziosa, lui invece sembra in posa! Così brontola dentro di sé Art, mentre Barbara, che sembra bendisposta verso lo sconosciuto, sta proponendo:

«Andiamo a bere qualcosa, tutti insieme?».

I ragazzi si scambiano un'occhiata, poi Bianca spiega:

«C'è una festa organizzata da noi dell'Accademia, una cosa veloce, al massimo un'ora. Vi spiace?».

Art solleva gli occhi al cielo: sua figlia non cambierà mai. Ha sempre una rivelazione dell'ultimo momento, un colpo di scena: ti deve sorprendere! Ma Barbara gli ha già artigliato il braccio e replica, allegra: «Ci mancherebbe, tesoro. Dovete festeggiare, è un giorno specialissimo. Noi vi aspettiamo a casa, vero Art?».

Lui annuisce, scontento. Micol gli afferra l'altra mano libera: «Vediamo un cartone insieme, papà?».

«Certo», si china a sorridere all'altra figlia, mentre la sua prima sta già correndo via, per mano a un ragazzo ignoto, uno come lei, dritto e impettito e con le gambe che sembrano avere le ali.

«Ciao», dice Art, e si volta verso Barbara che lo sta osservando con occhi colmi di affetto.

«Sono fiera di te. Bianca è diventata grande.»

«Sì. È il momento che papà se ne vada», osserva lui, e le sorride. «Che torni a crescere per conto suo.»

Il salotto è in penombra, la luce del giorno è attutita dalle tende spesse, che concedono un leggero chiarore. Un'illuminazione discreta che non ferisca lo sguardo e ammorbidisca il viso emaciato di Katia. Forse più magra dell'ultima volta che l'ha incontrata, pensa Art. Ma quando lo vede, gli occhi e la faccia della ragazza si accendono di vivacità.

«Ciao Art», gli si getta tra le braccia. «Grazie!»

Lui teme di stringerla, gli sembra così fragile che gli pare di toccare una bambola di vetro. «Di cosa?», cerca di schernirsi, mentre Katia si stacca da lui.

«Ma come di cosa?» Katia strilla, euforica: «Del libro! È bellissimo, Art, sono così felice». Intanto si è precipitata verso il tavolo dove sono impilate decine di copie del volumetto di poesie che Art ha impaginato e arricchito con piccole soluzioni grafiche. Le poesie erano non più di una ventina, troppo poche per realizzare una pubblicazione decente, così Art ha usato qualche stratagemma per farlo un po' corposo. Pagine bianche alternate a pagine colorate, illustrazioni, versi di poeti famosi come introduzioni di ogni componimento… Ci ha lavorato con impegno, come un progetto serio e importante. Be', lo è stato, pensa con una punta di orgoglio. La gioia di questa ragazzina è davvero impagabile.

«E poi, è venuta anche lei!», annuncia Katia, che sembra non stare più nella pelle per l'emozione.

«Lei chi?», domanda lui, disorientato.

«La ballerina!»

Le sopracciglia di Art schizzano in alto sulla fronte. «Chi? Mia figlia?», chiede, incredulo. Katia scuote la testa, con gli occhi che brillano. Ride, e mentre parla ha il fiatone, come se avesse fatto una corsa.

«Non mi ha detto che è tua figlia… però gliene hai parlato tu, vero?»

Art annuisce, sconcertato. «Sì, qualche tempo fa, giusto. A lei e alle sue amiche. Non ti ha detto il nome? Non era Bianca?»

Katia lo fissa e il sorriso le muore sulle labbra: «Ma no, sai Art, non me lo ha detto e io non gliel'ho chiesto! Che stupida!».

«Ma che strano, come ha fatto a entrare? Cos'ha detto al citofono? O ti ha telefonato, ha chiesto un appuntamento?», sta domandando lui a raffica, teso. Ora Katia ha assunto un'aria mogia, mentre racconta:

«È venuta un po' all'improvviso, ha suonato il campanello, ha detto: mi manda Art. Mamma ha aperto e lei è entrata, era così bella che io non ho avuto nemmeno il coraggio di chiederle come si chiamava. Ha parlato sempre e solo lei. Che stupida, proprio!».

Art reagisce, finalmente, passa un braccio intorno alle spalle di Katia. «Ma no, succede. Eri emozionata, non te lo aspettavi, non ci hai pensato, succede così a tutti.»

A Katia torna il sorriso. «Di sicuro era tua figlia, altrimenti non diceva il tuo nome, non ti pare?»

«Sì, è probabile», ribatte lui, ma in cuor suo non è così convinto. «Com'era?»

«Alta, più alta di me e snella, e tutta dritta!», descrive Katia. Art le sorride, mentre lei prosegue: «Aveva i capelli legati in uno chignon, la pelle liscissima, sembrava una fata».

La ballerina che sta descrivendo potrebbe essere Bianca, ma anche una delle sue amiche oppure una ballerina qualsiasi, alta e snella, con lo chignon, drittissima. Quanto alla pelle liscia e gli occhi grandi, forse verdi o forse marroni, Katia sembra piuttosto descrivere dettagli che l'hanno colpita e affascinata, particolari che lei sente di non possedere. Non succede così a tutti, però? Non raccontiamo le persone per quel che loro hanno, e noi riteniamo di non avere? E infine, una descrizione riesce mai a rivelare una persona, anche una che noi conosciamo bene? O invece rivela qualcosa di chi racconta? Così riflette Art osservando l'entusiasmo di Katia nel descrivere un incontro che sembra più un'apparizione, e che in quanto tale è rimasto folgorante ma vago come il passaggio di un angelo.

«Non hai fatto una foto con il cellulare?», domanda infine.

Su Katia si disegna di nuovo l'espressione delusa. «Macché, ci ho pensato dopo. Però non importa. Lei mi ha portato una cosa. Aspetta.» Esce dal soggiorno e torna dopo alcuni minuti nei quali Art è stato a rimuginare, non sa dire se soddisfatto da quella visita che aveva tanto caldeggiato alle ballerine o se contrariato da quella specie di improvvisata a una ragazzina che non sta bene, che ha bisogno di essere trattata con dolcezza e calma, non con spettacolari colpi di scena.

Katia entra nella stanza con una scatola che apre con cautela, quasi maneggiasse un oggetto delicato. Dentro, c'è un nastro rosa pallido, quello che lega le scarpette da danza. Profuma ancora leggermente di talco, e Art è tentato di portarselo al naso, per sentire se ci fosse anche una traccia dell'odore di sua figlia. Ma resiste, si rifiuta di fare quel gesto assurdo, patetico, da cane da caccia.

Forse la ballerina gentile era Bianca, forse no. Di certo, non voleva farglielo sapere e questa sua decisa, chiara volontà Art deve rispettarla.

Indice

PARTE III - Il teatro

FSC
www.fsc.org
MIX
From responsible source
FSC® C021883

Questo libro è stampato col sole

GRAFICA VENETA
Azienda carbon-free

Finito di stampare nel mese di agosto 2013
presso Grafica Veneta - Trebaseleghe (PD)